Robert Müller, Machttechnik Populismus

Das Thema Populismus ist kein neues. Aber es ist aktueller denn je. Seit einem Jahrzehnt bestimmen populistische Akteure in einem aberwitzigen Ausmaß die öffentlichen Debatten. Sie treiben die Politik vor sich her. Sie verändern das gesellschaftliche Klima. Die populistische Freund/Feind-Logik durchseucht scheinbar unaufhaltsam alle Ebenen des zwischenmenschlichen Miteinanders. Und nach Jahren der multiplen Krisen rückt für die Populisten auch die politische Macht in greifbare Nähe.

Um den Populismus zu verstehen ist es notwendig, ihn zu dekonstruieren. Das heißt, ihn in seine Elemente zu zergliedern und seine innere Logik zu studieren, die gesellschaftlichen und psychologischen Bedingungen zu analysieren, aus denen er erwächst und die er sich zunutze macht, sowie zu diagnostizieren, was der (Un-)Geist des Populismus mit unserer Gesellschaft macht, wenn er nur lange genug in ihr spukt.

Schließlich müssen wir uns entscheiden, ob wir in so einer Gesellschaft leben wollen – oder nicht.

ROBERT MÜLLER hat über den Nihilismusbegriff bei Nietzsche und dessen radikalen Gegensatz – Bedeutung im emphatischen Sinn – promoviert: „Vom Verlust der Bedeutungsschwere. Eine Zeitdiagnose des Nihilismus" ist ebenfalls bei Text & Dialog erschienen, genauso wie seine Studie „Ressentiment. Wiege des Populismus".

Robert Müller

MACHTTECHNIK

POPULISMUS

Text & Dialog 2024

Bibliografische Information der Deutschen Bibliothek
Die Deutsche Bibliothek verzeichnet diese Publikation
in der Deutschen Nationalbibliografie;
detaillierte bibliographische Daten sind im Internet
über <http://dnb.ddb.de> abrufbar.

Bibliographic information published
by Die Deutsche Bibliothek
Die Deutsche Bibliothek lists this publication
in the Deutsche Nationalbibliografie;
detailed bibliographic data is available
in the Internet at <http://dnb.ddb.de>

R.&B.Kaufmann GbR
Konkordienstraße 40 | D-01127 Dresden
T: (+49)351/4271030 | M: 0174/3107723
| Fax: (+49)351/21996956
www.text-dialog.de

Umschlaggestaltung, Satz und Layout:
René Kaufmann (Text & Dialog)

Made in Germany.
ISBN 978-3-943897-83-8

9 Vertreter des Volkes

12 Freund/Feind-Logik

17 Primat der (negativen) Emotion

22 Diktat der Simplifikation

27 Vom Opfermythos zum Führerkult

34 Droge Populismus

36 Prinzip des Sich-gehen-Lassens

41 Radikalisierungsdynamik

47 Mythos Widerstand

50 Vergiftung der politischen Praxis

56 Vergiftung des gesellschaftlichen Miteinanders

62 Schweigende Mehrheit

70 Überwindung der Freund/Feind-Logik

Der hier vorliegende Versuch einer Dekonstruktion des Populismus zielt nicht so sehr auf konkrete politische Parteien und Bewegungen. Er zielt nicht auf ihre Programmatik und die zugrundeliegende Ideologie. Ziel ist nicht eine kommunikations- oder politikwissenschaftliche Analyse etwa der AfD, der Identitären Bewegung oder der Republikanischen Partei unter Donald Trump. Die Dekonstruktion des Populismus zielt auf die ihm zugrundeliegenden psychologischen Mechanismen, die ihm vorausgehenden Denk- und Gefühlsstrukturen, die für ihn empfänglichen emotionalen Dispositionen. Welche psychologische Funktion übt er aus, welche emotionalen Bedürfnisse befriedigt er, welche Gemüter spricht er an, welche Geisteshaltung eignet ihm? Sie greift also eine Ebene tiefer.

Populismus wird hier beschrieben als eine *Machttechnik*, als eine Methode zur Erringung politischer Macht – *vor jedem Inhalt*. Populismus ist mehr Form als Inhalt, mehr Methodik als Programmatik. Und er ist ganz unterschiedlicher Prägung: rechts, links, querfront[isch], verschwörungsmythisch, libertär, antikapitalistisch, anarchokapitalistisch, religiös. Angesichts der aktuellen politischen und gesellschaftlichen Gemengelage drängt sich allerdings die Auseinandersetzung vor allem mit dem neurechten Populismus auf. Populismus kommt in den unterschiedlichsten Schattierungen und Abstufungen vor. *Den* Populismus gibt es nicht. Das macht ihn so schwer zu greifen. Und daraus ergibt sich natürlich eine gewisse Unschärfe: Nicht jeder hier herausgearbeitete Aspekt trifft auf jede populistische Partei oder Bewegung zu. Ferner findet sich die hier beschriebene Machttechnik auch in anderen, grundsätzlich eher nicht populistischen Parteien.

Dabei muss man zunächst unbedingt differenzieren zwischen den Populisten und den für Populismus Empfänglichen – zwischen den Agitatoren und den Agitierten. Die einen verstehen die Zusammenhänge nur zu gut und wissen genau, was für Propaganda sie verbreiten. Sie tun es aus Berechnung, sie tun es, um zu manipulieren. – Die anderen lassen sich manipulieren. Die anderen sind Menschen, die es häufig nicht besser wissen, für die die Zusammenhänge zu komplex sind. Oder die vor allem ihre Enttäuschung zum Ausdruck bringen wollen oder ihren Protest, die dabei manche ideologischen Inhalte unkritisch in Kauf nehmen. Aber es sind auch viele darunter, die wissen könnten, dass sie hinters Licht geführt werden – die aber glauben *wollen*, die die Wirklichkeit genau so haben wollen. Manche aus Überzeugung oder aus weltanschaulichen Gründen. Andere aus Gnatz vielleicht, aus Verbitterung, aus nicht verwundener Kränkung oder verletztem Ehrgefühl. *Den* Populismus gibt es nicht. Noch viel weniger gibt es *den* für Populismus Empfänglichen.

Vertreter des Volkes

Populisten nehmen für sich in Anspruch, Vertreter des Volkes, des *Populus* zu sein. Sie inszenieren sich als *Stimme der ‚schweigenden Mehrheit'*, als einzig wahre Vertreter der einfachen, der ganz normalen Leute. Diese würden von den etablierten Parteien, von den gesellschaftlichen Eliten und vom ‚linksgrün-versifften' Meinungsmainstream überhaupt nicht mehr repräsentiert.

Der Gegensatz von abgehobener Politikerkaste und einfachem Volk ist stilisiert und dramatisiert – die Populisten brauchen ihn als Rechtfertigung für die eigene Existenz: Dass sämtliche Politiker nur für die eigene Klientel Politik machen und *gegen* das einfache Volk regieren, macht die Populisten zu den Einzigen, die gegen das kaputte System aufbegehren.

Die Abgrenzung von den gesellschaftlichen Eliten, von ‚denen da oben', gehört zu den Kernelementen des Populismus. Er macht damit ein Identifikationsangebot an die große Mehrheit der niedrigeren Gesellschaftsschichten, an diejenigen mit geringerer sozialer und ökonomischer Teilhabe, die kulturell Abgehängten, die tendenziell Bildungsfernen – an diejenigen, die tatsächlich nicht so viel mitbestimmen. Vor allem aber macht er ein Identifikationsangebot an die Unzufriedenen, die Enttäuschten, die Frustrierten, die Wütenden, die Verdrossenen. Er macht ein Identifikationsangebot an ihren Frust, ihre Wut und ihre Ressentiments.

Die Populisten haben Schablonen im Kopf – für diejenigen, die sie bekämpfen, aber gerade auch für die eigenen potenziellen Anhänger. So reduzieren sie diese in kruder Art und Weise auf ihre negativen Emotionen: Emotionen, die zweifellos vorhanden sind, die der Komplexität sowohl der betreffenden Individuen, als auch der gesellschaftlichen Zusammenhänge jedoch in keiner Form Rechnung tragen. In der Logik der Populisten stellt dieser meist jahrelang aufgestaute, dieser tiefsitzende, tief eingegrabene Groll einen Rohstoff dar, den es nutzbar zu machen gilt. Für den Populismus ist dieser Groll der Gärstoff, der die Stimmung zum Kippen bringen soll. Er ist der Treibstoff, der die Bewegung an die Spitze bringen soll. Der Populismus selbst ist eine *Machttechnik.*[1] Er ist genau das, was er der etablierten Politik immer vorwirft: ein rein machtpolitisches Unterfangen. Sein konkreter Inhalt ist demgegenüber austauschbar. Für den Populismus sind diejenigen, die er zu repräsentieren vorgibt, lediglich eine Ressource, die sich zum Zweck der Machtergreifung ausbeuten lässt.

Bemerkenswert ist, dass sich Populisten gerade nicht als Repräsentanten einer Minderheit oder tatsächlich marginalisierten gesellschaftlichen Gruppe darstellen, sondern als Vertreter der Mehrheitsgesellschaft. Man könnte meinen, dass diese nun wirklich die geringsten Repräsentationsdefizite haben dürfte. Aber es gehört zum Markenkern des Populismus, dass die Mehrheitsgesellschaft im politischen Diskurs überhaupt keine

Lobby mehr habe. Im Gegenteil: Gerade die Minderheiten und Marginalisierten hätten viel zu viel Vertretung – auf Kosten der ganz normalen Menschen. Das hat den Vorteil, eine ungleich größere Zahl von Menschen anzusprechen. Für eine Geisteshaltung, die potenzielle Anhänger und Unterstützer konsequent als Machtinstrument denkt, ist das ein nicht unwesentlicher Faktor.

Der Anspruch, selbst einziger Vertreter des Volkes zu sein, ist natürlich eine Anmaßung; der Rekurs auf die schweigende Mehrheit wiederum Aneignung: Soziologisch gesehen bezeichnet die schweigende Mehrheit den Teil der Gesellschaft, der alles in allem recht zufrieden ist mit dem Status quo und deswegen gerade keine Veranlassung sieht, auf die Straße zu gehen und zu protestieren. Es handelt sich jedenfalls nicht um die Anhänger der Populisten.

Freund/Feind-Logik

In der Abgrenzung von den Eliten – und dem sich gerade davon ableitenden Identifikationsangebot an die große Mehrheit – zeigt sich ein weiteres Kernelement des Populismus: das *Freund/Feind-Denken*. Populismus basiert auf gesellschaftlicher Spaltung und Polarisierung. Er teilt die Gesellschaft ein in das Eigene und das Fremde, in ein Wir und ein Die. Populismus schafft „Räume des ‚Guten' und ‚Bösen' […] – und vor allem die Grenzen zwischen ihnen".[2] Der Populismus braucht den Feind. Darum ist auch die *Feindbildkonstruktion* so wesentlich für ihn: Das aktive und kalkulierte Hervorbringen beziehungsweise Verstärken konkreter Feindbilder – etwa die Eliten, das ‚linksgrün-versiffte' Großstadtmilieu, die Flüchtlinge oder Migranten generell, die Muslims, der Feminismus, die Woke-Ideologie. Sein Identifikationsangebot ist ein *negatives*. Es funktioniert primär in Abgrenzung von den Feindbildern.

Der Populismus braucht den Feind, um die starken, negativen Gefühle schüren zu können, die er als Machttechnik zu instrumentalisieren gedenkt. Sie haben das mit Abstand größte Mobilisierungspotenzial. Und es sind ja die Unzufriedenen, Wütenden, Gekränkten, die der Populismus als Zielpublikum ansprechen will. (Es geht ihm zunächst überhaupt nicht darum, die Mehrheit der Gesellschaft anzusprechen. Es geht ihm dezidiert nicht um die gesellschaftlichen Eliten, die Systemgewinnler und diejenigen, die sich im Status quo mehr oder weniger erfolgreich eingerichtet haben. Seine Nische sind diejenigen, die sich eher schlecht als recht mit dem Status quo arrangieren.) Es geht ihm um ihre Wut, ihre Verachtung, ihren Hass. Und eben diese starken, negativen Gefühle bedürfen des Feindes: Sie bedürfen des Feindbildes, gegen das sie sich richten und gegen das sie sich entladen können.

Der Populismus fußt auf diesem einfachen und doch so effektiven psychologischen Mechanismus. Er funktioniert daher ganz wesentlich über Feindbildkonstruktion. Er wendet die Freund/Feind-Logik konsequent auf die gesellschaftlichen Verhältnisse an, spielt bestimmte gesellschaftliche Gruppen und ihre Interessen gezielt gegeneinander aus, konstruiert bewusst und berechnend Feindbilder und mobilisiert den angestauten Groll gegen sie. Populismus zielt darauf ab, dem Feind eine möglichst konkrete Gestalt, ein Gesicht und einen Namen zu geben. Und er zielt darauf ab, ihm eine konkrete Geschichte zu geben, die erklärt, warum gerade er der Feind ist; eine Geschichte, die illustriert und plausibilisiert, warum gerade er ein legitimes Ziel für Feindseligkeit ist. Sein Geschäftsmodell ist der Antagonismus – und die emotionalen Abgründe, die der unweigerlich hervorbringt: Es geht ihm nicht um das legitime und konstruktive Benennen von Missständen. Es geht ihm um das Schüren von Feindschaft um der Feindschaft Willen. Es geht ihm um *Antagonismus als gesellschaftliches Prinzip*. Es geht ihm um das Suchen nach Verantwortlichen, nach Schuldigen, um das Verurteilen und Aburteilen. Es geht ihm um das Beschwören von Verachtung, Häme und Hass. „Dieser Hass ist kollektiv und er ist ideologisch geformt", schreibt Carolin Emcke. „Der Hass braucht vorgeprägte Muster, in die er sich ausschüttet. Die Begriffe, in denen gedemütigt, die Assoziationsketten und Bilder, in denen gedacht und sortiert, die Raster der Wahrnehmung, in denen kategorisiert und abgeurteilt wird, müssen vorgeformt sein. Der Hass bricht nicht plötzlich auf, sondern er wird gezüchtet".[3]

Der Populismus braucht den Feind – so das zynische Kalkül seiner Vertreter –, weil viele der Frustrierten, Verbitterten und Verzweifelt-Wütenden unter einem beschädigten Selbstwertgefühl leiden würden. Und da mag es durchaus Zusammenhänge geben, wie sich am psychologischen Phänomen des Ressentiments etwa nachvollziehen lässt. Viele, bei denen sich Groll und Verbitterung über Jahre eingraben konnten, sind in ihrem Selbstverhältnis versehrt. Diejenigen, so das Kalkül, die zutiefst verunsichert sind über die eigene Person, die eigene Identität und den Wert derselben, prägen ein Grundbedürfnis nach *Selbstbildstabilisierung* aus. Dabei geht es darum, den Selbstwert zu steigern, geht es um Selbstbestätigung und -vergewisserung. Der Populismus ermöglicht ihnen die bequemste und einfachste Form der Selbstbildstabilisierung: Die Entlastung des eigenen Selbstbildes auf Kosten des Anderen. Er instrumentalisiert den Anderen, um den

Selbstentfremdeten unter seinen Anhängern psychologische Entlastung zu verschaffen.

Dies kann geschehen, indem der Populismus Verantwortliche, ja Schuldige für deren eigene prekäre Lage präsentiert. Nur wenig ist psychologisch so entlastend, wie einen Schuldigen zu finden, den man anklagen und verurteilen kann. Die Entlastung besteht nicht nur darin, dass man selbst nicht schuldig ist. Sie besteht auch nicht nur darin, dass man von abstrakten Zusammenhängen weiß (wie etwa die weltweite wirtschaftliche Verzweigung in Zeiten der Globalisierung), die man vielleicht verstehen kann, denen man aber nicht wirklich grollen kann. Sie besteht darin, ganz konkrete Schuldige benennen zu können, denen man seinen ganzen ohnmächtigen Hass entgegenschleudern kann. Selbstbildstabilisierung kann auch geschehen, indem man sich selbst dadurch aufwertet, dass man andere abwertet. Der Populismus produziert dafür immer neue Feindbilder – immer neue Ziele für Vorbehalte, Herablassung, Verachtung. Fühlt man sich nicht gleich besser, wenn man auf ‚Abschaum' herabblicken kann? Ist man mit sich selbst nicht gleich viel mehr im Reinen, wenn man auf die ‚Erbärmlichen' und ‚Würdelosen' herunterschauen kann? Steht man nicht gleich weiter oben, wenn man nach unten treten kann? Diese Formen der Selbstbildstabilisierung sind selbstredend trügerisch – denn man stiftet die eigene Identität und den Eigenwert gerade nicht positiv aus sich selbst heraus, sondern negativ über und gegen den Anderen.

Der Populismus braucht nicht zuletzt den Feind von außen, um ein Identifikationsangebot nach innen machen zu können: Die innere Stabilität der eigenen Anhängerschaft wird vor allem über das gemeinsame Feindbild gewährleistet. Sie ist keine in sich geschlossene, homogene Gruppe – man will den Groll möglichst vieler für die eigene Sache instrumentalisieren. Dazu bedarf es der integrierenden Wirkung des gemeinsamen Feindbildes, der gemeinsamen Hassfigur: „Nie ist eine Gesellschaft fester als im gemeinsamen Haß".[4]

Primat der (negativen) Emotion

Populismus zielt auf die starken, immer negativen Emotionen, um sie als Machttechnik instrumentalisieren zu können.

Aber er arbeitet ganz grundsätzlich primär mit *Emotionen* – die Stichhaltigkeit seiner Argumente und die Kohärenz seiner Programmatik ist demgegenüber nachrangig. Denn seine Wirkung und seine Überzeugungskraft erzielt er nicht durch den Appell an den Intellekt, sondern durch den Appell an die Emotionen der Menschen. Sein Zielpublikum sind einmal mehr die Enttäuschten und Verunsicherten, die Gekränkten und Empörten. Indem die Populisten genau jene Emotionen bespielen – so die schablonenhafte Denke – holen sie ihr Zielpublikum da ab, wo es ist. ‚Jeder denkt es – endlich sagt's mal einer!' ist so ein typischer Satz. Die Mobilisierung und Modellierung von Wut und Wutbürger beginnt damit, dass dieser sich ‚aus dem Herzen gesprochen' fühlt! Dieses Gefühl ist ein kaum zu überschätzender Faktor der Anziehungskraft des Populismus.

Darüber hinaus setzt der Populismus auf Breitenwirkung und Massentauglichkeit. Der Appell an die Emotionen ist niederschwelliger und oft bewegender. Er erreicht damit auch die Bildungsfernen, die Nichtsoinformierten und die Desinteressierten. Die Emotionalisierung der Debatte schleift außerdem die Argumente. Wirkung entfaltet, wer die Stimmung genauer trifft

– nicht wer das schlagende Argument hat. Gerade in einer aufgeheizten, allgemein überreizten Debattenkultur, die sich zunehmend auf reine Aufmerksamkeitsökonomie und Erregungslogik reduziert, erzielt derjenige mehr Wirkung, dessen Argument emotional mehr Wumms hat.

Das primäre Bespielen von Emotionen verspricht aber nicht bloß, das Zielpublikum da abzuholen, wo es ist, und eine größere Massentauglichkeit. Es verspricht vor allem auch ein höheres Mobilisierungspotential. Denn es sind vor allem diese starken und negativen Emotionen, die am meisten Kräfte freisetzen – die es wiederum für den eigenen Machtzuwachs zu instrumentalisieren gilt. Sie sind Kraftzentren des Populismus. Sie bestechen durch ihre Klarheit und Geradlinigkeit und produzieren somit am ehesten Entschiedenheit, ja Kompromisslosigkeit. Sie berauschen, sie enthusiasmieren, sie verleihen das Gefühl von Bedeutung und Relevanz, von Sinnfülle. Sie können wie eine Droge wirken. Es sind genau diese psychologischen Mechanismen, die entscheidend für das Phänomen Populismus sind.

Auffällig ist, dass der Populismus beinahe ausschließlich negative Emotionen bespielt und damit verstärkt. Selbst wenn er grundsätzlich positive Emotionen adressiert – Stolz etwa, Selbstbewusstsein und -gewissheit oder Heimatgefühl, Patriotismus – tut er das eigentlich nur, indem er sie gegen andere in Anschlag bringt: um sie auszugrenzen, sie abzuwerten, um Hass und Verachtung auf sie zu schüren. Emotional beschränke der

Populismus „das Volk auf eine negative Souveränität“, schreibt Pierre Rosanvallon, „die automatisch dazu tendiert, das Volk auf eine Ekel- und Frustrationsgemeinschaft zu reduzieren“.[5]

Emotionen sind außerdem oft stärker als rationale Überlegungen oder Sachargumente und überblenden diese oft mühelos. – Das bedeutet freilich nicht, dass Vernunft und Logik schlicht ausgeschaltet sind. Wut ist kein Zustand der Idiotie. Die Vernunft übt im Gegenteil eine nicht geringe Funktion für die gefühlsbasierten Erzählungen aus. Sie tritt in ihren Dienst und versorgt sie mit Struktur und Argumenten. Nur leiten sich nicht die Erzählungen von der Evidenz der Argumente her, sondern die Argumente leiten sich von den Erzählungen und ihrer inneren Logik her. Man selbst merkt davon – dass das eigene Mindset die Wertung und Einordnung von Fakten und Argumenten weit mehr bestimmt als umgekehrt – am allerwenigsten. Das sind zumeist unbewusste Prozesse. Ein weiterer psychologischer Mechanismus, der ganz entscheidend für das Phänomen Populismus ist.

Es galt einmal das Ideal einer Politik, die möglichst emotionslos, möglichst rational und am Sachargument orientiert ist. Es galt, sich trotz allen Streits nicht von seinen Gefühlen mitreißen zu lassen und stattdessen auf die Kraft des Arguments zu setzen. Der Populismus ist demgegenüber die *maximale Emotionalisierung der Politik*. Emotionen sind sein Rohstoff. Er zielt auf die Wut der Bürger, ihre Ängste, ihren Trotz, ihre Verachtung, ihren Hass. Sie werden aufgegriffen, bestätigt und bestärkt, sie werden systematisch konditioniert. Der Populismus behandelt seine Anhänger wie pawlowsche Hunde: Er trainiert ihnen regelrecht Reiz-Reaktions-Muster an. Das lässt sich besonders eindrücklich etwa an den Reden Donald Trumps studieren. Und diese automatisierten emotionalen Reizreaktionen werden dann sukzessive radikalisiert und entgrenzt. Wir erleben es in der Debattenkultur: Es lässt sich kaum noch ein Thema ruhig und unaufgeregt diskutieren – nicht der angemessene Umgang mit der Klimakrise, nicht der Sinn oder Unsinn von gendergerechter Sprache oder von Zuwanderung oder ob der Wolf geschossen werden sollte oder doch nicht. Immer geht es sofort ums Ganze. Immer steht gleich alles auf dem Spiel. Immer ist die Frage existenziell entscheidend und Grund für maximale Eskalation.

Natürlich sind Argumente nach wie vor relevant und natürlich gibt es Argumente, die andere Argumente schlagen. Aber in einer Öffentlichkeit, in der es nur noch um die meisten *Likes* geht oder den größten *Shitstorm*, um das am meisten geteilte *Meme*, den für die meisten verfänglichen *Spin* oder das für die größtmögliche Zahl nachvollziehbare *Narrativ* – in dieser Öffentlichkeit ist das schlagende Argument oft tatsächlich nachrangig. Weil das schlagende Argument oft eben nicht das einfachste und eindeutigste ist, sondern ein differenziertes. Weil die Zusammenhänge oft eben doch komplexer sind, als sich prägnant in einem Meme oder Tweet zuspitzen lässt. Und man muss es so klar sagen: Weil die Zusammenhänge oft komplexer sind, als Interesse, Sensibilität und Problembewusstsein eines nicht geringen Teils der Bevölkerung zu fassen vermögen. Weil sich manche Fakten nun mal nicht in Echtzeit dokumentieren, analysieren, reflektieren und einordnen lassen und somit aus der Aufmerksamkeitsspanne dieser Öffentlichkeit geraten.

Es ist nicht zufällig, dass Populismus in Zeiten der sozialen Medien gedeiht. Er entspricht der *spezifischen Aufmerksamkeitsökonomie und Erregungslogik des digitalen Informationszeitalters*. Er bedient sie scheinbar ganz wie von selbst: durch seinen Primat der Emotionen und seine reißerische Art; durch die oft krassen Vereinfachungen, und die starken, klaren, ganz und gar unzweideutigen Botschaften von Freund und Feind, Gut und Böse, Schwarz und Weiß. Er ist wie gemacht für eine Welt aus Nullen und Einsen, für die Logik der Algorithmen, der Echoräume, der sich selbst verstärkenden Informations-, Meinungs- und Gesinnungsblasen. Die Mechanismen der sozialen Medien funktionieren nicht halb so gut für diejenigen, die mehr differenzieren und weniger polarisieren, für diejenigen, die primär an den Verstand appellieren und sich dem Diktat der Echtzeit zu entziehen versuchen.

Diktat der Simplifikation

Populismus arbeitet grundsätzlich mit *Vereinfachungen jenseits jeder intellektuellen Redlichkeit.* Er lebt von den einfachen Antworten auf die schwierigen Fragen unserer Zeit; von vermeintlicher Komplexitätsreduktion in einer immer komplexeren Welt; von vorgeblicher Orientierung in immer unübersichtlicheren Zusammenhängen; vom Versprechen der Präambivalenz in einer unhintergehbar von Ambivalenzen durchzogenen politischen Lage. Auch *Unterkomplexität* gehört zu den Kernelementen des Populismus.

Und auch hier zeigen sich die zwei durchlaufenden Motive: Er will erstens maximal massenkompatibel sein. Dafür muss er auch die einfachen Gemüter und die niedrigeren Bildungsgrade ansprechen. Er muss die Desinteressierten und Ignoranten ansprechen – und die große Masse derjenigen, die nicht bereit sind, sonderlich viel Aufwand zu betreiben, um sich zu informieren. Simplifikation macht ihn umso massentauglicher. Er will zweitens maximal mobilisieren. Dazu bedarf es der Klarheit und Geradlinigkeit in der Programmatik. Es bedarf der Entschiedenheit und Kompromisslosigkeit in der Sache – nicht des sorgfältigen Differenzierens und skrupulösen Abwägens. Es bedarf der Wucht des Entweder/Oder, des Schwarz oder Weiß – nicht der nuancierten, allen Aspekten in der Sache gerecht werdenden Entscheidungsfindung.

Populismus arbeitet mit Verkürzungen, mit Zuspitzungen und Überspitzungen. Er stellt manches zutiefst einseitig dar, reißt anderes aus dem Zusammenhang, er gibt dieses sinnentstellend wieder und jenes tendenziös. Einmal mehr erweist sich der Populismus selbst als genau das, was er den etablierten Parteien, den Eliten und in diesem Fall vor allem den ‚Systemmedien' vorwirft. Er arbeitet mit haltlosen Behauptungen, mit Halbwahrheiten und glatten Lügen. Das Kalkül ist, dass die Informationsblase der Menschen zwar seine leeren Behauptungen beinhaltet, nicht aber den sie entkräftenden Faktencheck. Oder dass die Aufmerksamkeitsspanne der meisten Menschen für die Halbwahrheiten reicht – für die Richtigstellung aber nicht mehr. Und wenn die glatten Lügen doch als solche durchschaut werden, berufen sich die Populisten auf die Meinungsfreiheit. Dabei verwechseln sie wiederum sehr bewusst kalkulierend Meinungen mit Tatsachenwahrheiten (Hannah Arendt). Unter dem Label *Meinung* könne man wohl schließlich alles behaupten – so das Kalkül. Und so lässt sich die Gegenrede gegen den populistischen Unfug obendrein als Beschneidung der Meinungsfreiheit, als Beleg des immer enger werdenden ‚Meinungskorridors', als Verengung des Sagbaren stilisieren. Dass das selbst wiederum populistischer Unfug ist, zeigt sich schon daran, dass die angebliche Bedrohung der Meinungsfreiheit gerade von denen beklagt wird, die am lautesten von ihr Gebrauch machen.

Man möge Meinungsfreiheit nicht mit Widerspruchslosigkeit verwechseln!

Aber hier zeigt sich ja auch ein Kategorienfehler. Denn nicht alles ist eine Frage der Meinung. Vereinfacht gesagt: Man kann nicht gemeinsam auf einem Hausdach stehen und so tun, als wären Existenz und Eigenschaften von Gravitation eine Frage der Meinung. Hier spricht man von *Vernunftwahrheiten* – also zum Beispiel den Naturgesetzen. Da gibt es nichts zu diskutieren. Es ist ferner auch keine Frage der Meinung, ob die Menschenmenge, die sich zur Amtseinführung von Präsident Trump versammelt hat, die größte war, die sich jemals zur Amtseinführung eines Präsidenten versammelt hat. Es ist eine gut dokumentierte *Tatsachenwahrheit*, dass es nicht die größte inauguration crowd aller Zeiten war.[6] Auch wenn die Trump-Administration seinerzeit etwas anderes behauptet hat. Die damalige Präsidentenberaterin Kellyanne Conway hatte während dieser skurrilen Kontroverse im Übrigen den Begriff der *alternativen Fakten* („alternative facts") geprägt. Tatsachenwahrheiten sind weicher als Vernunftwahrheiten, nicht so zwingend, häufig interpretationsfähig und -bedürftig, häufig eine Frage der Perspektive und der subjektiven Einschätzung – aber nichtsdestotrotz faktenbasierte, ableitbare Wahrheiten. Sie sind nicht Gegenstand von Meinung.[7]

Populismus aber transformiert ihm unbequeme Wahrheiten in Meinungen, die man vertreten kann – oder auch nicht. „Dieser Prozess [...] ermöglicht es, sich von der Tatsachenevidenz zu befreien", wodurch „das Äußern von Meinungen nicht mehr durch Fakten gestützt oder legitimiert zu werden braucht. [...] Es ist nicht mehr nötig, dass Fakten Meinungen gestalten".[8] Es gehört zu seinen wesentlichen Eigenschaften, dass Populismus das Konzept Wirklichkeit auflöst – ganz je nachdem, wie es seinen eigenen Erzählungen entgegenkommt oder nicht. Aus diesem Grund hat Populismus auch eine natürliche Nähe zu Fake News, kruder Propaganda und Verschwörungsmythen. Sein Geschäftsmodell ist das Schaffen von Gegennarrativen und Gegenwelten. Wie sehr oder wie wenig sie auf Tatsachen basieren, ist da nachrangig. Sein Ziel ist es, gemeinsam geteilte Wirklichkeit – eine Grundvoraussetzung von funktionierender Gesellschaft – zu zersetzen.

Aber wesentlich für den Populismus ist eben auch, dass er grundsätzlich mit einem Gran Wahrheit arbeitet. Seine Positionen leiten sich oft von einem Wahrheitskern her, der dann aber angereichert ist mit ideologischen Inhalten. Dadurch wird der Wahrheitskern aber nicht falsch. Gerade das macht den Populismus für nicht wenige so verfänglich – und den Umgang mit ihm häufig so teigig, so kräftezehrend, so ermüdend: Etwas stimmt ja erst einmal an den Positionen der Populisten. Aber die Differenzierungen, die sie als unhaltbar erweisen, sind für Viele zu langweilig, zu nervig, zu anstrengend. So wird das Gran Wahrheit mit seinen unredlichen Überformungen und Überblendungen zum Vehikel des größten ideologischen Unsinns.

Dass der Populismus seine Propaganda zumeist um einen Wahrheitskern herum spinnt, bedeutet ferner, dass man sie nicht einfach als populistische Propaganda abtun kann. Denn das würde bedeuten, auch das Stück Wahrheit in ihr abzutun: die häufig legitimen Anliegen, die Menschen umtreiben – und sie in die Arme der Populisten treiben, wenn die etablierte Politik sie ignoriert. Die Sorge etwa, dass viele Kommunen mittlerweile bei der angemessenen Unterbringung und Versorgung von Asylsuchenden eben doch an ihre Kapazitätsgrenzen kommen, ist ein überwiegend praktisches Problem mit pragmatischen Lösungen. Doch lässt man die Menschen damit und mit den Populisten allein, können letztere diese Sorge zu einer ausgewachsenen Fremdenfeindlichkeit ausbauen. Es ist notwendig, den Wahrheitskern vom populistischen Überbau zu scheiden und sich seiner schlicht anzunehmen.

Vom Opfermythos zum Führerkult

Ein anderes Hauptmotiv des Populismus ist sein *Opfermythos*. Die Populisten stilisieren sich grundsätzlich in der Opferrolle. Und das auf vielschichtige Weise. So wird etwa jede Form von Widerspruch und Widerstand gegen ihre Agenda ganz grundsätzlich als Kampagne abgetan. Man sei das Opfer der Eliten und ihrer medialen Macht. Kritische Berichterstattung setzen sie gleich mit Meinungsmache der ‚Lügenpresse'. Bei inhaltlichem Widerspruch sehen sie die Meinungsfreiheit in Gefahr. Die Kritik an rechten, rechtsextremen, rassistischen oder völkischen Positionen beklagen sie als ‚Nazikeule'. Die Populisten seien ja die Einzigen, die gegen das System aufbegehren – daher habe man auch die geballten Machtstrukturen gegen sich.

Perfektioniert hat die Opferrolle einmal mehr ein gewisser Donald Trump: Nach kritischer Berichterstattung wurden die etablierten Medien von ihm kurzer Hand zu Volksfeinden („enemy of the people") erklärt; die juristische Aufarbeitung seiner Amtszeit, die mittlerweile in diversen Gerichtsprozessen mündet, beklagt er als politisch motivierte Hexenjagd („political witchhunt"); aus seiner Wahlniederlage machte er schließlich die big lie von der gestohlenen Wahl: Er hat sie bis heute nicht anerkannt. Der größte bully von allen ist selbst vor allem Opfer. Aber auch die Populisten von der AfD inszenieren sich mit Vorliebe als Opfer. Nach den Enthüllungen zu Beginn des Jahres um das Potsdamer Treffen von Rechtsextremen unter anderem mit Vertretern der AfD, waren nicht etwa die Deportationsfantasien der dort versammelten Subjekte das Problem, sondern die Enthüllungen selbst. So warf man den Investigativjournalisten etwa ‚Stasi-Methoden' vor. Bei den aktuellen Ermittlungen wegen Spionageverdachts gegen gleich mehrere AfD-Politiker sowie diverse Mitarbeiter verhält es sich im Übrigen genauso. Hier ist nicht der potenzielle Landesverrat der Skandal, sondern dass zu ihm ermittelt wird.

Populismus pflegt aber in einem noch viel tieferen Sinn die eigene Opferrolle. Seine ganze Freund/Feind-Bestimmung ist auf der Opferlogik aufgebaut: Seien es ‚die da oben', die die ‚schweigende Mehrheit' ausbeuten und unterdrücken; seien es die Migranten, die das einfache Volk und seine Kultur überfremden; seien es die Grünen, die den ganz normalen Leuten vorschreiben, wie sie zu leben, wie sich fortzubewegen und was sie zu essen haben. Die Erzählungen, die zur Mobilisierung und Modellierung der eigenen Anhängerschaft verbreitet werden, entsprechen zumeist der immer gleichen Opferlogik: die Anderen, Fremden sind die Täter. Sie dringen in die Sphäre des Eigenen ein und bedrohen es aggressiv. So werden die Rollen von Gut und Böse eindeutig verteilt und das Grundgefühl des Unbehagens, der Verunsicherung, des Bedroht-Seins genährt. In einem zweiten Schritt folgen sie einer Opfer-Rächer-Logik: Jetzt schlägt das vermeintliche Opfer los. Aber das Losschlagen wird als Zurückschlagen empfunden

– man hat ja gar keine andere Wahl als Selbstbehauptung. So erweisen sich Stereotypisierung und Stigmatisierung, Denunzierung und Diskriminierung als Akt der Notwehr. Das Losschlagen wird zudem als Selbstermächtigung empfunden, als Überwinden des eigenen Ohnmachtsgefühls. Der Opfermythos wendet sich so in etwas Erhabenes und Erhebendes.

Und wenn man sich nicht als Opfer seiner Feinde erwehren muss, dann muss man sich seiner Feinde ob ihrer Verkommenheit, ihrer Verweichlichung und ihrer Schädlichkeit für Volk und Kultur erwehren. In den Erzählungen des Populismus ist der Status quo grundsätzlich krisenhaft. Die angebliche *Dekadenz* der gegenwärtigen gesellschaftlichen Verhältnisse ist ebenfalls eines der Hauptmotive des Populismus. Sie führe geradewegs in den allgemeinen Niedergang, wenn es nicht zu fundamentalen Umwälzungen kommt. Womit meistens eine Rückbesinnung auf das eigene Wesen, auf ursprüngliche Werte und Tugenden, auf einstige Größe gemeint ist. Dabei handelt es sich um zumeist konstruierte oder zumindest überhöhte Versatzstücke einer Vergangenheit, in der selbstverständlich alles besser war. (Gerade im so lange von Kleinstaaterei geprägten Deutschland hält sich etwa der Mythos vom einst homogenen Volk besonders hartnäckig.) An dem gegenwärtigen Niedergang würden auch die Konzepte der etablierten Oppositionsparteien nichts ändern. Sie sind Teil des verrotteten Systems – weshalb es gerade eine Alternative zum gesamten bisherigen Parteienspektrum braucht.

In Zeiten multipler Krisen – Migrationskrise, Coronapandemie, Lieferkettenkrise, Russlands Angriffskrieg gegen die Ukraine, die davon ausgehende Energiekrise, zunehmender Fachkräfte- und Arbeitskräftemangel, Demokratiekrise – drängt sich die Diagnose der Krisenhaftigkeit natürlich auf. Die Krisenerzählungen der Populisten setzen sich aber gemeinhin aus einer Überblendung von tatsächlichen und stilisierten Krisen zusammen. Auch hier findet sich das Gran Wahrheit, das zumeist den Kern der populistischen Narration ausmacht. Und natürlich wird er von ideologischen Verblendungen und dramaturgischen Übertreibungen bis zur Unkenntlichkeit überformt. So wird aus der wirtschaftlichen Rezession infolge einer Kombination aus Lieferkettenproblemen, Fach- und Arbeitskräftemangel, abruptem Strukturwandel im Energiesektor und einer erratisch agierenden Bundesregierung die ‚Deindustrialisierung' Deutschlands. So wird aus einigen Jahren hoher Migration die Angst vor der drohenden ‚Überfremdung' oder gleich die ‚Umvolkung' (ein angeblich von den Eliten aktiv betriebener Bevölkerungsaustausch, um renitente Einheimische durch gefügige Fremde zu ersetzen). So wird aus legitimer Kritik an dysfunktionalen Aspekten innerhalb eines ansonsten recht zufriedenstellend funktionierenden Systems, eine fundamentale Kritik an dem System selbst.

Die Systemkrise dramatischen Ausmaßes ist schon formallogisch die notwendige Voraussetzung, warum es diese neue Partei oder Bewegung überhaupt braucht.

Darüber hinaus geht es einmal mehr darum, die Verängstigten, Verunsicherten und Frustrierten in ihrem Lebensgefühl anzusprechen und abzuholen. Darum greifen die Cassandrarufe der Populisten die häufig diffusen Ängste und Befürchtungen auf. Die Populisten konstatieren aber nicht bloß Krisen – sie konstruieren sie regelrecht herbei. Das Krisenbewusstsein nutzt ihnen, die schlechte Stimmung im Land nutzt ihnen.

Populismus ist aufgrund seiner inneren Logik an Problemlösung und Krisenbewältigung dezidiert nicht interessiert. Es kommt ihm gelegen, wenn die ‚kleinen Leute' unter stark gestiegenen Heizkosten leiden; es kommt ihm gelegen, wenn die ‚normalen Menschen' unter immer höheren Lebensmittelpreisen ächzen; es kommt ihm gelegen, wenn die ‚schweigende Mehrheit' an verknapptem Wohnraum und horrenden Mietpreisen verzweifelt. (Und wenn die Populisten glauben, dass das Mikro schon aus ist, sagen sie es auch ganz offen.[9]) Der Populismus wird gerade nicht aktiv und konstruktiv dazu beitragen, die Zumutungen für sein Zielpublikum zu lindern. Er lebt von Krise – beziehungsweise von Krisengefühl. Darum ist sein Umgang mit den realen Leiden der vielen einfachen, normalen Leute durch und durch zynisch. Seine innere Logik läuft darauf hinaus, eine Stimmung, eine sozialpsychologische Dynamik zu entfachen, die eher Ursache denn Resultat von Krise ist. Gescheitert ist das bei Aufstehen (2018). Weitestgehend missglückt ist das beim ‚heißen Herbst' (2022) sowie beim ‚Wutwinter' (2022/23).

Doch unter den kumulativen Krisen der letzten Jahre und dem hysterischen Dauergeschrei von Rechts und Links könnte 2024 etwas ins Rutschen kommen. Und selten ist der Unterschied zwischen tatsächlicher und gefühlter Wahrheit so relevant, wie in Zeiten gesellschaftlicher und wirtschaftlicher Krisen.

Krise ist in den Händen der Populisten wiederum nichts anderes als eine Machtressource, die es für die eigene Sache zu instrumentalisieren gilt. Sie gerieren sich denn auch als *Retter in Krisenzeiten*, als *Heilsfiguren* im Angesicht unhaltbarer Zustände. Sie allein wären im Stande, die Krisen zu bewältigen. Die gesamte etablierte Politikerkaste und die gesellschaftliche Elite sei dazu entweder nicht fähig oder nicht willens – weil sie davon selbst profitiere. In einer gewissen Verwandtschaft damit steht ein anderer, oft ganz zentraler Aspekt des Populismus: eine Art *Führerprinzip*. Das meint nicht nur, dass populistische Bewegungen häufig auf eine oder einige wenige Führungspersonen zugespitzt sind (Trump in den USA, Orbán in Ungarn, Geert Wilders in den Niederlanden, Marine Le Pen in Frankreich). Vielleicht erscheint uns dieses Prinzip in Deutschland nicht so zentral, weil sich unter den deutschen Populisten – abgesehen vom erst neuerdings Partei gewordenen Personenkult um Sahra Wagenknecht – durchweg schwaches Personal findet. Was Intellekt, Rhetorik, Stil, Charisma, natürliche Autorität und Gravitas angeht, vermag – abgesehen von Wagenknecht – keiner, bis tief in die Mitte der Gesellschaft auszustrahlen.

Das Erstarken der Populisten vollzieht sich hierzulande eher trotz statt wegen des Spitzenpersonals.

Entscheidender ist das Führerprinzip aber ohnehin inhaltlich: die vielzitierte ‚Sehnsucht nach dem starken Mann'. Angesichts immer unübersichtlicherer Zusammenhänge und steigender Orientierungsnot, angesichts zunehmend erschwerter Entscheidungsfindungsprozesse und sich selbst blockierender politischer Institutionen scheint eine illiberale oder autoritäre Führung immer attraktiver: eine Führung wie aus einem Guss und von starker Hand – ohne das ewige Lamentieren zu vieler zu schwacher Entscheidungsträger, ohne das ewige Diskutieren von Parlamentariern in ständig wechselnden Mehrheitsverhältnissen. Die Vielstimmigkeit und zuweilen Kakophonie des demokratischen Prinzips erscheint ineffektiv und zu oft an den Bedürfnissen des einfachen Volkes vorbei zu gehen.

Die populistische Führungsfigur hingegen habe diese Vielstimmigkeit, die Artikulation all der unterschiedlichen Interessen sowie die Diskussion um den möglichst gerechten Ausgleich derselben gar nicht nötig. Denn sie verfüge praktischerweise instinktiv über eine tiefe Einsicht in den ‚Volkswillen' – der seinerseits praktischerweise vollkommen einheitlich ist. In der Fantasiewelt der Populisten haben alle die gleiche Meinung. Hier gibt es keinen Widerspruch, keine Abweichung – keinen Ausgleich.

Droge Populismus

Angesichts der gegenwärtigen Krisen offenbart die Psychologie des Populismus ihre ganze Perfidie: Beim Populismus geht es grundsätzlich nicht so sehr um Lösungen für die Probleme unserer Zeit, sondern um die *Artikulation des Problemempfindens* selbst. Es geht darum, dass die eigenen Anhänger sich aus dem Herzen gesprochen fühlen; dass ihre Ängste, ihr Unbehagen und ihre Unzufriedenheit in den populistischen Krisenerzählungen räsonieren. Für das Zielpublikum des Populismus ist die Krisenhaftigkeit ja aktuell und akut. (Ganz unabhängig davon übrigens, wie dramatisch die Krise objektiv tatsächlich ist.) Ihr einen nachvollziehbaren Ausdruck zu geben ist erstes Ziel der populistischen Propaganda.

Populismus ist *nicht problemlösungsorientiert*, er ist *problemartikulierungsorientiert*. Defizite zu benennen und gegen die vermeintlich Verantwortlichen zu wettern ist immer einfacher, als konkrete und vor allem realistische Lösungen für sie zu erarbeiten und dann auch umzusetzen. Aber vor allem ist es emotional befriedigender. Es ist zumindest kurzfristig befriedigender, sich aus dem Herzen gesprochen zu fühlen, sich bestätigt zu fühlen in den eigenen Ansichten, sich verstanden zu fühlen. Es ist befriedigender, zurecht frustriert und wütend und empört zu sein. Es ist befriedigender, Schuldige benennen zu können, anklagen und verurteilen zu können, ja hassen und verachten zu können. Es ist für den Moment befriedigender als tatsächliche Lösungen für die Gründe der eigenen Frustration. (Schon allein deswegen, weil die nicht augenblicksbezogen sind, weil sie nie sofort wirken, sondern nun mal nur mittel- oder langfristig.)

Die innere Logik des Populismus zielt auf die systematische emotionale Aufwiegelung und Befriedigung seiner Anhänger. Dass ihr Groll ein Sprachrohr hat, dass ihre Ängste Ausdruck finden, dass ihre Empörung Bestätigung erfährt, dass ihr Wunsch nach Schuldigen Erfüllung, ihre Verachtung ein legitimes Ziel und ihr Hass Rechtfertigung findet – *das* ist die innere Logik des Populismus. Nicht aber die Bewältigung der alldem zugrundeliegenden Ungerechtigkeiten. Man darf Populismus nicht wie eine gewöhnliche politische oder gesellschaftliche Kraft denken, die eine bestimmte Agenda hat und dafür um möglichst breite Zustimmung wirbt. Seine innere Logik gleicht eher der eines Drogendealers: Es geht ihm um die kurzfristige, unmittelbare emotionale Befriedigung. Seine Droge: die starken, immer negativen Emotionen. Es geht zuallererst um die Bestätigung des entrüsteten, des trotzig-aggressiven Welt- und Selbstbildes seiner Konsumenten. Es geht um die Lieferung von immer neuen Gründen, empört und zornig, voll von Verachtung und Hass sein zu können. Es geht um die sukzessive Steigerung der Dosis und der Frequenz des Hassens und Verachtens – die unweigerliche Radikalisierung und Enthemmung der emotionalen Abgründe.

Prinzip des Sich-gehen-Lassens

Die emotionale Befriedigung, die der Populismus seinen Anhängern anbietet, hat aber noch andere Dimensionen. So vereinfacht er beispielsweise die Welt und die Zusammenhänge in ihr so sehr, bis er den Menschen genau das erzählen kann, was sie hören wollen: Klimawandel? – Ja, findet statt, ist aber nicht menschengemacht. Wir Menschen können und *müssen* da gar nix tun. Migration? – Ja, muss reduziert werden, wir führen einfach eine „Integrationsgrenze" (Markus Söder) ein. – So einfach? Was ist, wenn die erreicht ist? Schauen wir dann konsequenterweise Frauen und Kindern beim Verhungern und Erfrieren auf einem polnischen Feld zu? Populismus narrt seine Anhänger mit allzu einfachen Antworten auf die komplizierten Fragen unserer Zeit. Er gaukelt ihnen eine Eindeutigkeit vor, die der Komplexität der Verhältnisse einfach nicht gerecht wird. Er verspricht ihnen die Rückkehr zu der guten alten Zeit, in der alles besser war. Dabei sind sowohl die Rückkehr zu ihr, als auch die heile Welt von damals selbst gleichermaßen Illusionen. Er ermöglicht ihnen einfache und anstrengungslose Selbstbildstabilisierung – auf Kosten des Anderen und auf Grundlage der von ihm propagierten Feindbilder. Anstatt an den eigenen Defiziten zu arbeiten oder an den strukturellen gesellschaftlichen Ungerechtigkeiten, lässt sich das beschädigte Selbstverhältnis durch den herablassenden Blick auf andere flicken.

Dieses Grundmotiv des Populismus, den Menschen genau das zu erzählen, was sie hören wollen, macht ihn seltsam opportunistisch. Populismus verfügt in vielen Fällen natürlich über einen ideologischen Kern. Und dieser ist – gerade in Gestalt der Neuen Rechten – oft menschenverachtend und gefährlich. Aber um Zustimmung für die eigene Bewegung zu gewinnen ist er inhaltlich durchaus geschmeidig. Er spürt gesellschaftlichen Stimmungen und Dynamiken nach und versucht diese dann prominent zu besetzen. Besonders gut war das etwa am Kurs der AfD zu Beginn der Coronapandemie zu beobachten, als noch nicht klar war, wie das Meinungsbild in der Bevölkerung ausfällt. Erst als sich mit Querdenkern und anderen ein zwar kleiner aber lautstarker Widerstand formiert hat, hat die AfD versucht, das Thema auch zu besetzen. Es gehört zum Markenkern des Populismus, dass er primär machtpolitisch denkt: Das, was richtig ist und was nicht, was zu vertreten wert ist und was nicht, entscheidet sich zuallererst daran, ob es gerade der Stimmung der eigenen Klientel entspricht oder nicht. Der Populismus dreht in dieser Hinsicht sein Fähnchen durchaus nach dem Wind. *Populismus als Machttechnik ist wesentlich prinzipienlos*. Er verkörpert einmal mehr genau das, was er den etablierten Parteien und Politikern immer vorwirft.

Mehr noch, er bestätigt seine Anhänger in ihren Ansichten und bestärkt sie in ihren Schlussfolgerungen. Er fordert sie nicht dazu auf, die eigene Meinung, eigene Glaubenssätze und Grundannahmen kritisch zu hinterfragen. Er fordert nicht, sie gegebenenfalls zu korrigieren, nicht, sie neu zu bewerten, nicht, umzudenken. – Sie haben ganz einfach recht mit ihrer Sicht der Dinge. Das an sich ist psychologisch eine sehr angenehme Botschaft. Er bestätigt und bestärkt sie außerdem in ihren negativen Impulsen. Sie seien zurecht wütend und empört, sie seien im Recht, wenn sie verachten und verabscheuen. Er rechtfertigt diese negativen Gefühle als legitime Reaktion auf die Missstände unserer Zeit, als gesunde Antwort auf die dafür Verantwortlichen. Und dann erklärt er auch noch jede Form von selbstkritischer Reflexion für unnötig, für Anmaßung und Zumutung. Populismus ist die Absage an jedwedes Korrektiv, an jede Instanz, die die eigenen Impulse einer Prüfung unterzieht und gegebenenfalls einhegt, sie einordnet, auf ihre Ausgewogenheit hin prüft und ausbalanciert.

Populismus ist die Einladung, sich gehen zu lassen, ist die Erlaubnis, den eigenen Impulsen freien Lauf zu lassen. Gerade darin besteht die emotionale Befriedigung, die er im Stile eines Drogendealers seinen Anhängern anbietet. Was zählt, ist allein der Impuls – die nicht weiter reflektierte und gegebenenfalls korrigierte Gemütsäußerung. Populismus ist reine unreflektierte, augenblicksbezogene Bedürfnisbefriedigung. Das populistische Prinzip des Sich-gehen-Lassens ist im Grunde reine Bequemlichkeit. Und das Menschenbild, das sich dahinter offenbart, ist schlichtweg unwürdig.

Dabei geht es nicht einmal um die Sicht auf die erklärten Feinde, sondern die eigene Anhängerschaft!

Dem Populismus liegt darüber hinaus eine Geisteshaltung zugrunde, die unmittelbar auf die Trägheit und Bequemlichkeit der Menschen abzielt. Dieses Prinzip Bequemlichkeit zeigt sich gerade im Kontrast zu den ‚grünlinks-versifften' Klimaaktivisten: Sie kommen mit der Forderung ‚Du musst dein Leben ändern!' Sie fordern Anstrengung, Verzicht, persönliches Engagement, persönliche Opfer; sie fordern Aufbruch, Veränderung, den Bruch mit dem Gewohnten. Die Populisten hingegen kommen mit der Botschaft, man könne den eigenen Lebensstil einfach so weiterführen, wie man es immer getan habe. Man könne weiter einfach ‚man selbst sein'. Aus der Forderung der Klimaaktivisten wiederum folgt zudem die psychologisch eher schwierige Botschaft, dass unser Leben, so wie wir es bis jetzt und schon immer gelebt haben, problematisch ist. Unsere Lebensweise ist mangelhaft, falsch, moralisch verwerflich. Das Gewohnte und Althergebrachte muss sich ändern. Viele empfinden das nicht bloß als lästig oder nervig, sondern als persönliche Beleidigung, als Verächtlichmachung ihrer ganzen Lebensweise. Viele empfinden das als unmittelbaren Angriff auf ihre eigene Identität. Dass darauf Trotz und Abwehrreaktion folgen, verwundert überhaupt nicht. Das Kalkül des Populismus ist, sich genau das zunutze zu machen.

Dabei erweist sich der Populismus einmal mehr als das, was er dem angeblich dekadenten linksgrünen

Mainstream immer vorwirft: ein *Triumph der Bequemlichkeit*, ein Wohlfühlprogramm der Zumutungslosigkeit, eine Fantasiewelt – und das alles verpackt in kerniger Sprache und robusten Botschaften für richtige Männer und harte Kerle, für Leiderprobte und Kampfbereite. In Wahrheit ist gerade die Geisteshaltung, mit der die Populisten locken, bequem, ja *dekadent*: Sie ertragen die Herausforderungen der Zeit nicht; sie kapitulieren vor der Komplexität der Wirklichkeit und den Orientierungsschwierigkeiten, die sie kennzeichnet; sie halten die unhintergehbare Ambivalenz nicht aus, die der Wirklichkeit nun einmal eignet und reduzieren sie auf realitätsferne Eindeutigkeiten, auf krude Gegensatzpaare wie Eigenes/Fremdes, Freund/Feind, Gut/Böse; sie fürchten die sich beschleunigenden Veränderungen einer immerfort sich verändernden Welt; sie erstarren vor der Freiheit des mündigen, zu allererst selbstverantwortlichen Individuums.

Radikalisierungsdynamik

Das Prinzip des Sich-gehen-Lassens gilt umso mehr für die emotionale, verbale und zunehmend auch tätliche Verrohung. Der Populismus bestärkt seine Anhänger eben nicht bloß in ihren Meinungen und Stimmungen, sondern auch in ihren niederen Instinkten und dunklen Trieben. Er legitimiert nicht bloß die Genervtheit gegenüber lästigen Klimaaktivisten oder die Häme gegenüber Veganern und anderen ‚Schneeflocken'. Er legitimiert auch tiefe Verachtung für sie, blinde Wut auf und maßlosen Hass gegen sie. So zu fühlen – und das auch möglichst laut zum Ausdruck zu bringen –, ist nicht bloß irgendwie nachvollziehbar. Es ist berechtigt. Mehr noch: Es ist gut und richtig. Man verteidigt sich ja bloß und die eigene Art zu leben. Dieses Befeuern der emotionalen Abgründe ist charakteristisch für den Populismus. Es entspricht seiner Erregungslogik und der Logik seiner emotionalen Befriedigung. Es befeuert aber auch eine per Definition nicht enden wollende Radikalisierungsdynamik.

Der Populismus läuft auf eine allmähliche aber unweigerliche Entgrenzung hinaus. Das lässt sich zunächst und objektiv nachvollziehbar an der zunehmenden Schärfe seiner Positionen und Forderungen messen. Ganz allmählich, Schritt für Schritt wird etwa das Sagbare ausgeweitet, der Diskurs insgesamt nach rechts verschoben, das Menschenverachtende normalisiert, das Ungeheuerliche entdämonisiert. Das geschieht nicht in einem Ruck, sondern in vielen kleinen Schüben. 2016 musste Beatrix von Storch (AfD) noch ‚von der Maus abrutschen', um zu fordern, Migranten notfalls mit der Androhung von Waffengewalt daran zu hindern, über die grüne Grenze zu kommen.[10] 2023 fordert Jens Spahn (CDU), sie gegebenenfalls „mit physischer Gewalt" aufzuhalten, ganz offen.[11] Die Verschiebung zeigt sich nicht zuletzt daran, dass derlei heute nicht mal mehr aus der AfD gefordert wird, sondern schon aus den Unionsparteien. Ferner lohnt auch ein Vergleich des Donald Trump im Wahlkampf 2016 mit dem im Wahlkampf 2024.[12]

Entscheidender für die Radikalisierungsdynamik ist aber der psychologische Effekt, den sie auf die Gekränkten, Wütenden, Hassenden unter den eigenen Anhängern hat. Er kommt einer Entfesselung ihrer Wut, ihrer Verachtung, ihres Hasses gleich. Der Populismus mit seinen emotionalen Entgrenzungen wirkt auf viele eben wie eine Droge: Das Sich-Hineinsteigern in die eigene Empörung, das gegenseitige Sich-Hochschaukeln bei den Schimpf- und Hasstiraden, das Einander-die-Köppe-Heißreden – all das wirkt berauschend. So das Kalkül der Populisten. Die Dionysien der menschlichen Abgründe bringen eine starke emotionale Befriedigung und psychologische Entlastung. Allerdings ist diese nur von kurzer Dauer, und sie nutzt sich zudem ab. Das bedeutet, dass der Populismus sukzessive die Dosis und/oder die Frequenz des Furors erhöhen muss. Das ist die ihm innewohnende Logik der Radikalisierung.

Mit der immer fortschreitenden Radikalisierung in den Herzen und in den Köpfen geht die ungeheure Verflachung einher, die der Populismus so sehr braucht. Allein diese größtmögliche Klarheit, diese stumpfe, dumpfe Entschiedenheit, die unbeirrbare, geradezu brutale Kompromisslosigkeit, bewirkt den höchsten Grad an Mobilisierung, setzt das größtmögliche Maß an Durchschlagskraft frei. Dies gilt es, hinter der eigenen Bewegung zu versammeln.

Mit der Entgrenzung in den Köpfen und Herzen geht die immer zunehmende Polarisierung der Gesellschaft einher. Sie erzeugt immer schärfere Kontraste, immer entschiedenere Gegensatzpaare. Die Dichotomie von Schwarz und Weiß bringt Grautöne, bringt Zwischentöne, Nuancen und vermittelnde Positionen immer mehr zum Verschwinden. Die Logik des Populismus mündet unweigerlich in einem furchtbaren Entweder/Oder. Niemand hat den Freund/Feind-Gegensatz so konsequent gedacht, wie Carl Schmitt – einer der intellektuellen poster boys der Neuen Rechten. Bei Schmitt wird er *ontologisch*: Das, was den anderen zum Feind macht, sind nicht diese oder jene Eigenschaften, nicht seine Einstellungen, Überzeugungen oder Taten (an denen sich ja arbeiten ließe). Was ihn zum Feind macht, entspringt seinem *Wesen*, seinem So-Sein, seiner Substanz. Das bedeutet, dass er an seiner Feindschaft nichts ändern kann – selbst wenn er es wollte. Er kann nichts anderes sein als Feind. Dazu kommt, dass die Feindschaft des Anderen zwangsläufig (!) auf die Vernichtung des Eigenen hinausläuft. In Schmitts Logik gibt es daher keine Alternative zur Vernichtung des Feindes, wenn man die eigene Vernichtung abwenden will.[13]

Die Radikalisierungsdynamik des Populismus macht die ihm zugrundeliegende Freund/Feind-Bestimmung ab einem gewissen Punkt schlicht unüberbrückbar. Vor diesem geistigen Hintergrund wird aus dem politischen *Gegner* letztlich der *Feind*. Der politische Gegner ist derjenige, der legitimerweise seine Interessen im Prozess des gesellschaftlichen Interessenausgleichs vertritt – und dem es größtmögliche Kompromisse abzuringen gilt. Der Feind ist derjenige, mit dem Kompromisse nicht mehr möglich sind. Der Feind ist nicht mehr derjenige, der niedergerungen, der besiegt werden muss. Der Feind ist derjenige, der *vernichtet* werden muss.

Nun ist das demokratische Prinzip ja nicht von einheitlichen Meinungen und Interessen und großer Harmonie geprägt. Gerade Demokratie ist geprägt von Auseinandersetzung, von sehr öffentlich ausgetragenen Interessenskonflikten und Meinungsverschiedenheiten. Wesentliche Voraussetzung dafür sind gerade Dinge wie Meinungsfreiheit, demokratische und zivilgesellschaftliche Institutionen und Rechtsstaatlichkeit. Dass wir aktuell so offene und mit zunehmender Härte ausgetragene gesellschaftliche Großkonflikte haben, ist kurioser Weise erst einmal ein gutes Zeichen. Daran ändert auch das populistische Narrativ von verengten Meinungskorridoren nichts.

Entscheidend ist, dass das Austragen der zwangsläufig vorhandenen Differenzen erstens nicht in Mord und Totschlag mündet und zweitens zu einem für alle Beteiligten einigermaßen fairen Interessenausgleich führt. Funktionierende Demokratie vollzieht sich, wenn man so will, nach dem *agonistischen* Prinzip: Die bestehenden Meinungs-, Interessens- und Zielkonflikte werden in einem kompetitiven, wettkampfartigen aber regelbasierten und auf einen Kompromiss hin ausgerichteten Modus ausgetragen. Die agonistische Konfliktbewältigung zeichnet sich dadurch aus, dass sie nicht Feinde hervorbringt, sondern Gegner, dass sie die Gesellschaft nicht zerreißt, sondern durch einen einigermaßen fairen und realen Ausgleich eher noch gesellschaftlichen Zusammenhalt generiert (etwa die Solidargemeinschaft aus Stärkeren und Schwächeren oder der Generationenvertrag aus Jungen und Alten).

Der Populismus hingegen funktioniert nach dem *antagonistischen* Prinzip. Er definiert Gesellschaft ausschließlich über das Trennende und blendet das Verbindende aus. Er eskaliert die zwangsläufig bestehenden Meinungs-, Interessens- und Zielkonflikte zu einem Kampf existenziellen Ausmaßes. Ein Kampf, der keine Kompromisse mehr zulässt. Er radikalisiert Gegnerschaft zu Feindschaft. – Die populistische, also antagonistische Konfliktbewältigung zerreißt die Gesellschaft.

Die gesamtgesellschaftlich gesehen zersetzende, polarisierende, entsolidarisierende Wirkung des Populismus darf aber nicht darüber hinwegtäuschen, dass Solidarität auch für ihn ein wichtiges Prinzip ist. Nur propagiert er eine exkludierende Form von Solidarität – eine, die sich vor allem darüber definiert, wer von ihr ausgeschlossen ist. Wer nicht zur Gemeinschaft gehört, hat sie auch nicht verdient. Das Gemeinschaftsgefühl des Populismus bedarf des Antipoden, des ausgegrenzten, stigmatisierten, feindlichen Gegenübers. Es basiert unhintergehbar darauf, dass jemand aus dieser Gemeinschaft ausgeschlossen ist.

Mythos Widerstand

Populismus geriert sich für viele seiner Anhänger nicht zuletzt als eine Art *mythologisches Konzept*. Er stellt seine Anhänger in einen epischen Kampf gegen das ,System', oder gar die ,Weltverschwörung' oder sonst einen übermächtigen Gegner. Wer ihm anhängt, gehöre zum ,Widerstand', gehöre zu den Rebellen, zur heiligen Schar. Die Dramaturgie seiner Erzählungen zielt unweigerlich auf den Ernstfall. Für viele ist der ,Tag X' eine reale Größe, auf die hingearbeitet, ja hingefiebert wird. Das Szenario, das er kreiert, ist überlebensgroß. Und es simuliert erheblich mehr existenzielle Tiefe, als das geregelte Leben anzubieten hat. Er schafft einen quasi-mythischen Kampf und verteilt die Heldenrollen an die vom Leben Enttäuschten, die von den Mühen der Ebene Ernüchterten, die von der Banalität des Alltags Gelangweilten. Der Populismus erlöst auf quasimythologische Weise die an der Belanglosigkeit ihrer Existenz Leidenden.

Der Reiz des Populismus besteht für viele seiner Anhänger zu nicht geringen Teilen aus seiner Kapazität, sich in die heroische Pose im Kampf gegen einen übermächtigen Gegner hineinfantasieren zu können. Und das Drama ist beliebig steigerungsfähig. Die Figur des Rebellen ist ja zumeist eine heldenhafte – aber tragische. So ermöglicht dieses Szenario, eine Art Märtyrertum zu stilisieren: Denn der Kampf ist nahezu aussichtslos – gut möglich, dass man ihn letztlich verliert.

Aber selbst wenn der eigene Untergang unvermeidlich ist, dann ist er mit Sinn und Größe und Erhabenheit angefüllt. Der Populismus bietet vielen auch einen die eigene kleine Existenz transzendierenden Sinnzusammenhang.

Hinzu kommt das Gefühl, die einzige Möglichkeit, heute rebellisch zu sein, ist, rechts zu sein. Wer gegen den Strom schwimmen will, wer gegen ‚die da oben' sein will, wer Underdog sein will und Revoluzzer, dem bleibt kaum mehr, als ein Rechter zu sein. „Früher, in den Achtzigern, sei das Land konservativ gewesen, da war Kritik von links angebracht. Und heute, da Deutschland von Linken regiert werde, müsse die Kritik eben von rechts kommen".[14] Die Populisten schmücken sich denn auch instinktsicher mit der „Aura der Revolte" und dem „Nimbus des Rebellen".[15] Die Rolle des Widerstandskämpfers hat längst nicht nur in der Adoleszenz eine ungemeine Attraktivität.

Darüber hinaus zeigt sich einmal mehr eine Form der Selbstbildstabilisierung: Man gehört zu den wenigen Erleuchteten – im Gegensatz zu den vielen Verblendeten, Dummen, Hörigen und den ‚Systemhuren'; man gehört zu den wenigen, die selber denken, die sich selbst ihre Meinung bilden, zu denjenigen mit dem ‚ganz normalen Menschenverstand'; man gehört zu den wenigen, die sich selbständig zu informieren vermögen; man gehört zu den wenigen Erwachten – im Gegensatz zu all den ‚Schlafschafen'. Ferner zeigt sich hier wiederum eine Form scheinbarer Selbstermächtigung und das wenn auch trügerische Gefühl, die eigene Ohnmacht mit dem Gang in den ‚Widerstand' zu überwinden.

All das ist übrigens am Ende wiederum vor allem bequem. Denn es handelt sich um ‚Widerstandskämpfer', die nie wirklich in Gefahr sind – wie sie es etwa in Putins Russland wären. Sie parallelisieren sich mit dem Widerstand im Dritten Reich oder der DDR, ohne je einer realen Repression ausgesetzt zu sein. Nie war es so bequem, Rebell zu sein.

Vergiftung der politischen Praxis

Populismus, um es nochmal zu betonen, meint hier gar nicht so sehr die Programmatik und Kommunikationsstrategie einer bestimmten Partei oder Bewegung. Diese ist letztlich bloß Manifestation einer viel grundsätzlicheren Geisteshaltung; sie ist Konkretion einer tiefer gehenden sozialpsychologischen Gemengelage. Es geht um eine bestimmte Tönung des Zwischenmenschlichen insgesamt, um eine bestimmte Ausprägung des gesellschaftlichen Miteinanders, des öffentlichen Umgangs miteinander.

Populismus als Politikform und als Gesellschaftsform ist zutiefst destruktiv. Er ist spaltend und zersetzend. Populismus ist natürlich stigmatisierend und diskriminierend. Populismus bedient die niederen Instinkte und dunklen Triebe. Psychologisch gesehen zielt er auf das Schlechte in uns und bringt das Schlechte in uns zum Vorschein. Vor allem aber ist er hoch manipulativ. Er belügt und betrügt die Menschen und degradiert sie zu *nützlichen Idioten*.

Das eigentlich Dramatische am Populismus ist nicht so sehr, dass sich einzelne gesellschaftliche und politische Akteure mit seiner Hilfe etablieren und so zu einer weiteren Stimme im politischen oder gesellschaftlichen Spektrum werden (solange sie sich im Rahmen des Grundgesetzes bewegen).

Das eigentlich Dramatische am Populismus ist, dass seine Methoden Schule machen. Und seine Inhalte auch. Populismus verhält sich auf gesellschaftlicher Ebene wie ein Virus: Er ist ansteckend. Er wirkt weit über seine eigentliche Anhängerschaft hinaus in die Gesellschaft hinein. Er verändert Öffentlichkeit. Er bestimmt Debatten. Er verschiebt Debatten. Er beeinflusst unseren Umgang miteinander, unsere Einstellung zueinander und unsere Gefühle füreinander. Er verändert das gesellschaftliche Klima insgesamt. Er verseucht und durchseucht es mit seiner Freund/Feind-Logik, dem Antagonismus als gesellschaftlichem Grundprinzip, mit den starken, immer negativen Emotionen, mit seinen Vereinfachungen und Verdummungen, mit seinen Gegennarrativen und Gegenwelten.

Die Schule des Populismus verändert natürlich Politik: Die politische Praxis verengt sich, in Anlehnung an die Erfolge der Populisten, immer mehr auf ein rein *machtpolitisches Kalkül*. Es werden Themen gesetzt und Positionen vertreten, die Aufmerksamkeit generieren und Zustimmung garantieren. Politische Praxis reduziert sich zunehmend darauf, den Menschen zu versprechen, was sie hören wollen. Das ist eine direkte Folge des erstarkenden Populismus. Zu einem gewissen Grad gab es das schon immer. Und gerade ein demokratisches System setzt voraus, dass man auf vielfältige Weise um eine möglichst breite Zustimmung für die eigenen Ideen wirbt. Das meint aber genau das: dass für eine bestimmte Politik *geworben* wird, die den Menschen erklärt wird und warum sie sinnvoll ist oder notwendig, hinter der man die Menschen erst versammelt. Eine vom Populismus vor sich her getriebene Politik überzeugt die Menschen nicht mehr – sie vertritt das, wovon diese längst überzeugt sind. Beziehungsweise das, von dem man *glaubt*, dass sie davon überzeugt sind. Das aber ist problematisch, weil man die Bevölkerung im Grunde auf ihre primären Impulse reduziert: Man nimmt als öffentliche Meinung, was sich *vor* der Debatte an gesellschaftlicher Stimmung abzeichnet, was *vor* der eigentlichen Willensbildung eher diffus empfunden wird. Es ist problematisch, weil man der Bevölkerung indirekt abspricht, für die eigenen Argumente verständig zu sein, beziehungsweise zu einer verantwortungsvollen Meinungsbildung fähig. Es ist problematisch, weil man die Menschen vor den Zumutungen der Politik und der Weltlage abschirmen zu müssen meint. Das aber ist eine Form von Entmündigung. Und es lässt sich auch schlicht nicht durchhalten.

Das Fatale an der gegenwärtigen Politik ist, dass sie das Spiel der Populisten mitspielt. So werben manche Parteien etwa um die (potenziellen) Wähler der Populisten. Und sie meinen, dafür genau das, was die Populisten offenbar attraktiv macht, so oder so ähnlich vertreten zu müssen. Damit verstärken sie aber vor allem die Positionen der Populisten. Sie normalisieren diese Positionen als Teil des legitimen Meinungsspektrums. Sie schaffen damit ein geistiges und gesellschaftliches Klima, in dem es etwa normal ist, rechte und rechtsradikale Positionen zu vertreten. Sie verschieben den Diskurs insgesamt nach rechts. – Nicht die Populisten, die Etablierten! Die Populisten wären nicht imstande, derartig über ihre Nische hinaus zu strahlen, wenn Teile von Politik, Medien und Gesellschaft nicht wie Multiplikatoren wirken würden.[16] Das zeigt sich etwa in der Migrationsdebatte sehr deutlich. Das zeigt sich bei der Identitätspolitik. Und aktuell besonders plakativ beim gemeinsamen Hass auf die Grünen: CDU, CSU, Freie Wähler und Bündnis Sahra Wagenknecht konkurrieren alle um (potenzielle) Wähler der AfD. Das Feindbild Nummer Eins der AfD-Sympathisanten war – so lange sie noch Kanzlerin war – Angela Merkel. Jetzt sind es die Grünen. Also überbieten sich CDU, CSU, FW und BSW gegenseitig in der Erklärung der Grünen zum Hauptgegner. Sie wollen für die Grünenhasser besonders attraktiv sein. Was sie damit vor allem erreichen: Sie verstärken den Hass auf die Grünen. Sie normalisieren ihn. Womit das antagonistische Prinzip wieder ein wenig stärker in die Gesellschaft hineingetrieben wird und sie noch ein wenig mehr zersetzt. Was sie erreichen ist, dass der tätliche, übergriffige Protest gegen unliebsame Parteien und Politiker wieder ein bisschen normaler wird. Ob sie damit erreichen, dass sie selbst für Grünenhasser attraktiver werden? Gut möglich. Aber ob diese sie wählen, oder nicht doch die AfD, die die Grünen eben immer noch am lautesten, heftigsten und kompromisslosesten hasst, ist dann doch fraglich.

In einer vom Geist des Populismus beherrschten Gesellschaft verflacht die politische Praxis zunehmend. Das politische Klima wird zwangsläufig immer polarisierter, immer extremer, immer kompromissunfähiger. In diesem Klima – in dem das kleinste Entgegenkommen bereits als Verrat an der eigenen Sache gilt – zählt nur noch ein Alles oder Nichts. In einem solchen Klima wird der politische Betrieb zwangsläufig dysfunktional.[17] Das meint nicht einmal die Schwierigkeit, in einem zunehmend zersplitterten Parteienspektrum stabile Mehrheiten zu organisieren. Gemeint ist vielmehr die Tendenz, dass an die Stelle von möglichen pragmatischen Lösungen zunehmend ideologische Unvereinbarkeiten treten; oder die Tendenz, dass politische Akteure meinen, mit der Schärfung des eigenen Profils auf die populistische Bedrohung reagieren zu müssen. Hier bietet die aktuelle Ampelkoalition im Bund ein trauriges Lehrstück: sie begann betont kooperativ – die Ampel ist ja gerade mit dem Versprechen eines anderen Politikstils angetreten. Man wollte sich nicht bloß auf den kleinsten gemeinsamen Nenner einigen. Man wollte den anderen die Erfolge gönnen und sie auch glänzen lassen können. Dann verlor die FDP empfindlich bei drei Landtagswahlen. Ihre Antwort war die Profilschärfung, die sich bald zur Opposition innerhalb der Regierung radikalisierte und das Arbeitsklima der Regierung insgesamt toxisch werden ließ. Das Resultat ist zunehmende Selbstblockade. Und diese nimmt mit der Größe der Aufgaben und Herausforderungen eher zu. Ironischerweise stärkt dieser aus der Angst vor dem Populismus geborene Politikstil niemanden – außer die Populisten. (Dabei sind Profilschärfung und Unterscheidbarkeit sowie der unweigerlich daraus folgende Streit prinzipiell eine gute Sache! Davon lebt Demokratie und davon hatte die Republik zu lange viel zu wenig. Aber sobald man miteinander regiert, kann man sich nicht ausschließlich über das Trennende definieren. Eine sich monatelang auf jedem Politikfeld selbst blockierende Regierung wiederum ist schlecht für die Demokratie.)

Angesichts der populistischen Durchseuchung geraten die bisherigen politischen Techniken zunehmend an ihre Grenzen und werden in weitgehender Blockade erstarren – wenn sie nicht neu erfunden werden.

Vergiftung des gesellschaftlichen Miteinanders

Die Auswirkungen eines Schule machenden Populismus sind jedoch längst nicht auf den Politikbetrieb beschränkt. Er verändert das gesellschaftliche Miteinander insgesamt. Populismus kann erklärtermaßen Gesellschaft nicht jenseits der Freund/Feind-Bestimmung denken. Es entspricht seiner Natur, die Mehrheitsbevölkerung gegen all diejenigen auszuspielen, die sich von ihr abheben. In der Vorstellung der Populisten gibt es keine unterschiedlichen Meinungen, Vorstellungen, Interessen, Lebensentwürfe, Identitäten. Alles Abweichende ist Dekadenz, Verfallssymptom, von außen eingebrachte Krankheit oder dergleichen. Für die Populisten ist jeder, der von ihren Idealvorstellungen abweicht, automatisch ein Feind. Ihr Gesellschaftsbild ist das einer völlig weltfremden, einer ganz und gar unrealistischen Homogenität. In der real existierenden Gesellschaft ist der Populismus daher per Definition ein spaltendes Prinzip. Er stellt in erster Linie einen Kampfmodus dar, nicht so sehr einen Modus des Miteinanders. All jenen, die sich über die ‚Ellenbogengesellschaft' beschweren, sei gesagt, dass gesellschaftlich wirksamer Populismus ein noch viel robusteres Gebaren hervorbringt. Wer sich über die ichbezogene Rücksichtslosigkeit in der spätkapitalistischen und überindividualisierten Gesellschaft beschwert, möge die Rücksichtslosigkeit der gesellschaftlich entfesselten Freund/Feind-Logik abwarten.

Dass es zunehmend an gesellschaftlichem Zusammenhalt fehlt, ist eben nicht bloß eine Folge immer zunehmender Individualisierung: ein typisch neurechtes Ideologem und Ausdruck der angeblichen Dekadenz des Westens. Die Frage, ob und an welchem Punkt es die Spätmoderne westlicher Prägung mit der Individualisierung übertrieben hat, ist legitim und diskussionswürdig. Es gibt Formen der Individualisierung, die eindeutig auf Kosten der Gemeinschaft gehen. Und es gibt auch hier Kipppunkte, an denen etwas ins Rutschen kommt: An denen die Kosten der Individualisierung für Gemeinschaft und Gemeinwohl schlichtweg so hoch werden, dass sie nicht weiter wie bisher funktionieren können. – Aber dass sich der gesellschaftliche Zusammenhalt zunehmend auflöst, ist eben auch eine Folge davon, dass das antagonistische Prinzip immer mehr die Gesellschaft prägt. Was erwartet man auch, wenn ein Gesellschaftskonzept, das auf angemessener Interessenvertretung und ebensolchem Interessenausgleich aufbaut, durch das bloße Recht des Stärkeren und das Diktat der Mehrheit ersetzt wird? Was erwartet man, wenn aus Gegnern, die legitimerweise ihre Eigeninteressen vertreten, Feinde gemacht werden, mit denen Ausgleich und Kompromiss schlicht nicht mehr möglich ist. Was ist wohl zu erwarten, wenn man diese Feindschaft immer weiter eskaliert und immer mehr enthemmt?

Es ist die erklärte Strategie der Populisten, gerade den ‚vorpolitischen Raum' zu besetzen. Ihre Agitation beginnt nicht erst da, wo der politische Betrieb beginnt, sondern lange vorher. Um die Parlamente zu erobern, müsse man zuerst die Zivilgesellschaft erobern. Zu diesem Zweck versuchen sie, in jedwedem Lebensbereich ein sogenanntes ‚patriotisches' Gegenangebot zu machen. Dabei geht es um neurechte Newsportale, Influenzer und (Online-)Zeitschriften, neurechte Hipstermagazine, Buchverlage und Thinktanks, es geht um Mode, Musik, Kunst, Popkultur, um Vereins-, Gewerkschafts- und Jugendarbeit. Es gibt mittlerweile selbst eine neurechte Biermarke. Diese subversive Unterwanderung sämtlicher gesellschaftlicher Lebensbereiche bezeichnen sie als ‚Metapolitik'. Ihr Ziel ist es, die ‚kulturelle Hegemonie' zu erringen – als notwendige Voraussetzung, um dann auch politische Macht zu erringen.[18]

Es ist ein Missverständnis, die Auswirkungen des Populismus allein in der Politik oder der politischen Praxis zu vermuten. Seine zersetzenden Tendenzen durchseuchen das Zwischenmenschliche jenseits der Parlamente und der Gesetzgebung. Eine vom Geist des Populismus durchwehte Gesellschaft ist zunehmend vom Kulturkampf geprägt. Sie ist eine Gesellschaft der nicht länger *gemeinsam geteilten Wirklichkeit*, sondern der unüberbrückbar voneinander abgeschotteten Informations-, Meinungs- und Gesinnungsblasen. Sie ist eine Gesellschaft der Gegennarrative und Gegenwelten, in der die Lebenswirklichkeiten der unterschiedlichen Blasenbewohner kaum mehr Gemeinsamkeiten aufweisen. Oder noch schlimmer: in der die gegenseitige Unvereinbarkeit sogar ein konstitutives Element dieser Lebenswirklichkeiten ist. Sie ist eine Gesellschaft der Entfremdung und der Entfremdeten. Hier wird man zu Todfeinden über Gendersternchen oder N-Wort; über Essgewohnheiten oder Work-Life-Balance; über E-Mobilität oder das Tragen von Indianerkostümen beim Fasching. In dieser Gesellschaft gilt nur noch der Ernstfall, gilt nur noch der Ausnahmezustand. In ihr lebt man mit immer weniger Mitmenschen und immer mehr Monstrositäten zusammen: Andersartige, mit denen man scheinbar gar nichts mehr gemein hat; mit denen man nur noch durch wechselseitigen Abscheu verbunden zu sein scheint.

In einer den Ungeist des Populismus atmenden Gesellschaft werden Stigmatisierung und Diskriminierung von gesellschaftlichen Minderheiten (wieder) signifikant zunehmen. Sie ist durchherrscht von der Freund/Feind-Logik. Und diejenigen gesellschaftlichen Gruppen, die als die Anderen, die Fremden, die Feinde identifiziert werden, werden Ausgrenzung erfahren. Das sind als erstes und am augenfälligsten natürlich Migranten. Aber auch diejenigen ohne Migrationshintergrund sollten sich da nicht allzu sicher fühlen. Die Frontstellung ‚Wir' gegen ‚Die' lässt sich recht willkürlich auf praktisch alle unliebsamen Personengruppen ausweiten: Ob das nun Migranten im Allgemeinen sind oder Menschen etwa aus dem islamischen Kulturkreis im Besonderen; ob das die Verfechter gendergerechter Sprache sind oder gleich genderfluide nonbinäre Personen; ob das Medienvertreter sind, die Eliten oder die Systemgewinnler; ob das Westdeutsche sind – und andernorts eben Ostdeutsche. Wer auch immer ‚Die' sind, sie werden aus dem ‚Wir' ausgegrenzt, diffamiert, schikaniert, diskreditiert. Für diese Individuen und Gruppen wird das Leben mitten unter uns schwerer werden.

Aber das ist auch nur die halbe Wahrheit: Dieses zersetzende Gesellschaftsmodell wirkt ebenso nach innen in die eigene Gemeinschaft hinein. Zwar ist Solidarität auch in den meisten populistischen Konzepten ein hohes Gut, wenn auch ein exklusives und exkludierendes. Sie definiert sich also darüber, wer von ihr ausgeschlossen ist und wer sie verdient. Aber man kann nicht dauerhaft nach außen hin antagonistisch agieren, ohne dass es auf den Umgang nach innen abstrahlt. Die kleine, in sich geschlossene, verschworene Gemeinschaft ist zu einem sehr hohen Preis erkauft. Sie kann wirklich Heimat sein, solange der ihr zugrundeliegende Grundkonsens von allen geteilt wird. Aber wann immer es Abweichungen von der Idealvorstellung gibt – und die wird es früher oder später immer geben, so lange man es mit lebendigen Menschen zu tun hat –, wird es mindestens der oder die Abweichende büßen müssen. Denn der- oder diejenige zählt dann sehr schnell zu den Anderen, Fremden, Feinden. Die gleiche Härte, die man nach außen hat, waltet letztlich auch nach innen – so wird gerade die hohe gruppeninterne Kohärenz herstellt. Wenn die Freund/Feind-Logik zum herrschenden Prinzip wird, wird es auch unter Freunden immer mehr Feinde geben. Und im Konfliktfall fallen die Freunde genauso unerbittlich übereinander her, wie sie sonst über ihre Feinde herfallen.

Auch der Populismus frisst seine Kinder. Viele, die der Freund/Feind-Logik jetzt zum gesellschaftlich dominanten Prinzip verhelfen, werden ihr letztlich selbst zum Opfer fallen.

Schweigende Mehrheit

Populismus ist ansteckend wie ein Virus. Und er durchseucht sukzessive die Gesellschaft. – Er löst auf der anderen Seite aber auch eine immunologische Reaktion aus. So wie der Populismus ein Identifikationsangebot an seine Anhänger macht, macht er indirekt und unfreiwillig auch ein Identitätsangebot an diejenigen, die von ihm abgestoßen sind. So wie sich Menschen über ihn definieren, definieren sich andere in Abgrenzung zu ihm. Wenn es der Zweck der Machttechnik Populismus ist, ein Lager hinter sich zu versammeln und zu vereinen, so bewirkt er zu einem gewissen Grad auch das genaue Gegenteil: Er vereint ein Lager gegen sich. Diejenigen etwa, denen seine einfachen Antworten einfach zu blöd sind. Diejenigen, die die groben Vereinfachungen durchschauen und die allzu offensichtliche Absicht dahinter. Der Populismus versammelt auch diejenigen unfreiwillig gegen sich, die mit dem ständigen Theater nichts anfangen können, die des ständigen Dramas überdrüssig sind. Diejenigen, die eine ruhige, unaufgeregte und eben seriöse Sacharbeit vorziehen. Er versammelt diejenigen gegen sich, die vom Freund/Feind-Gegensatz abgestoßen sind, die sich eine Gesellschaft des Miteinanders statt des Gegeneinanders wünschen, die eine weltoffene Gesellschaft tatsächlich als *Ideal* ansehen.

Die immunologische Reaktion auf den Populismus ist eine sehr gesunde. Und sie versammelt eine breite

Koalition gegen ihn. Es ist nicht ohne Ironie, dass sich die Logik des Populismus in gewisser Hinsicht gegen ihn selbst wendet: Auch im Lager der Populismusgegner entfaltet das gemeinsame Feindbild integrative Wirkung. Über das gemeinsame Feindbild können sich viele verschiedene gesellschaftliche Gruppen identifizieren, die sonst nicht sonderlich viel verbindet. Und je mehr er sein hässliches Gesicht zeigt, desto mehr mobilisiert er diese Koalition der Widerständigen gegen sich. Das hat sich besonders eindrucksvoll zu Beginn des Jahres gezeigt, als Recherchen zum Potsdamer „Remigrationstreffen" der Rechten, Rechtsradikalen und Rechtsextremen bundesweit Millionen Menschen aus Protest auf die Straße gebracht haben.

Das Besondere hieran ist, dass zum ersten Mal die wahre schweigende Mehrheit – zumindest für einen kurzen Moment – zu Schweigen aufgehört hat. Die schweigende Mehrheit sind soziologisch gesehen diejenigen, die im Großen und Ganzen recht zufrieden sind mit dem Status quo und deswegen keinen gesteigerten Anlass haben, lautstark und medienwirksam zu demonstrieren. Man geht in der Regel nicht auf die Straße, um kundzutun, dass alles gut ist, und um zu verlangen, dass alles genau so bleibt, wie es ist. Man geht auf die Straße, um gegen etwas zu protestieren, um Ungerechtigkeiten anzuprangern, um Veränderungen einzufordern. Die schweigende Mehrheit sind diejenigen, die die gegenwärtigen politischen Verhältnisse für gut oder zumindest für gut genug halten. Es sind die Überzeugten oder zumindest nicht allzu Enttäuschten. Die schweigende Mehrheit sind aber auch die Nichtsoinformierten, die Desinteressierten, die große Masse der Unpolitischen oder politisch Inaktiven. Auch sie haben keinen entscheidenden Grund, sich zu politisieren und zu engagieren – eben weil der Status quo offenbar so schrecklich nicht ist.

Dass die schweigende Mehrheit schweigt, führt häufig zu einer verzerrten Wahrnehmung, was die öffentliche Meinung angeht. Gerade in Bezug auf den Populismus – da der sich als Machttechnik im Wesentlichen über das Generieren von Aufmerksamkeit definiert. Die Populisten sind gesellschaftlich gesehen nach wie vor eine kleine, aber laute Minderheit. Sie erwecken nur sehr geschickt den Eindruck, die Meinungen breiter Bevölkerungsschichten zu vertreten. Und die Aufmerksamkeitsökonomie der Massenmedien und der sozialen Medien garantiert ihnen seit einem Jahrzehnt in einem geradezu absurden Maß breite Öffentlichkeit und damit gesellschaftliche Gestaltungsmacht. Bei genauerem Hinsehen erweisen sie sich jedoch als Scheinriesen. Wenn die schweigende Mehrheit ihre Stimme erhebt, wenn sie zu der Einsicht kommt, dass sie sich ihr Schweigen schlicht nicht mehr leisten kann, dann verliert Populismus seine größte Stärke. Dann wird er auf seine tatsächlichen Proportionen geschrumpft, als eine kleine, aber laute, plötzlich kleinlaute Minderheit. Dann verschwindet er natürlich nicht einfach. – Aber er drängt in die kleine, dunkle Nische zurück, aus der er einst kam.

Der Populismus hat die Gesellschaft in vielerlei Hinsicht repolitisiert. Und er hat der politischen Auseinandersetzung eine existenzielle Dimension verliehen, die sie schon lange nicht mehr hatte: Es steht gerade ganz real und ganz konkret sehr viel auf dem Spiel.

Dass dem Politischen wieder eine existenzielle Dimension zukommt, hat auch etwas Gutes: Etwa das Bewusstsein, dass eine freiheitliche, demokratische, rechtsstaatlich verfasste Gesellschaftsform nicht selbstverständlich ist und erst recht kein Automatismus; dass sie gepflegt werden muss, nicht nur vom Staat und seinen Institutionen, nicht nur ‚von oben', sondern genauso aus der Mitte heraus, von *uns*; dass sie auch verteidigt werden muss, nachdem sie einst erkämpft werden musste; zuletzt dass man sich ihren Wert wieder einmal bewusst macht (bei allen Defiziten und zeitweiser Dysfunktionalität) und man darüber ein wenig demütig wird. Die existenzielle Dimension, die durch die populistische Bedrohung in Politik und Gesellschaft zurückkehrt, revitalisiert auch den Sinn dafür, wofür man kämpft, wofür es sich zu kämpfen lohnt. Auch oder gerade die Gegner des populistischen Ungeists wissen sich in einen existenziellen Kampf gestellt. Jede und jeder befindet sich mittlerweile in einer Auseinandersetzung, in der es um etwas geht, das so viel größer ist als das jeweilige Ich. Sie überwindet nicht zuletzt die Bedeutungsschwerelosigkeit der postpolitischen Phase nach dem „Ende der Geschichte" (Fukuyama).[19] Das ist gerade im Osten der Republik noch einmal stärker zu spüren. Und das nicht bloß, weil die Populisten von der AfD je nach Umfrage mittlerweile stärkste politische Kraft sind. Freiheit, Demokratie und Rechtsstaatlichkeit zu erstreiten war vor 35 Jahren Sinnhorizont genug. Sie zu verteidigen, zu pflegen, da, wo es nötig ist, zu verbessern und so wieder für mehr Menschen *lohnend* zu machen, ist heute wiederum Sinnhorizont genug!

Vielleicht lässt sich das Erstarken der Populisten als Mahnung denken. Eine Mahnung, die uns daran erinnert, dass wir unser Gemeinwesen – wie jede Beziehung – auch pflegen müssen. Eine Mahnung, die wir vermutlich verdient haben. Weil wir darin faul geworden sind. Weil wir es uns in unserer liberalen, demokratischen Gesellschaftsform zu bequem gemacht haben. Weil wir sie für scheinbar voraussetzungslos gehalten haben. Weil wir sie für so selbstverständlich genommen haben. Das Erstarken des Populismus hat neben all der Destruktivität ja auch eine *gesellschaftliche Funktion*: Es gleicht einem Aufschrei. Es bringt unmissverständlich zum Ausdruck, dass sich ein wachsender Teil der Bevölkerung nicht mehr von der Politik und den Parteien, von diesem Staat und seinen Institutionen repräsentiert fühlt. „Bevor man den Populismus als Problem analysiert, sollte man ihn als Antwortvorschlag auf die Probleme der Gegenwart verstehen“.[20] Sein Erstarken weise darauf hin, dass die bestehende Gesellschaftsordnung als zunehmend ungerecht empfunden wird; dass immer mehr Menschen sich nicht gesehen, nicht anerkannt, vernachlässigt, missachtet fühlen. Hier kommt etwas zum Ausdruck, was Pierre Rosanvallon „demokratisches Ressentiment" nennt: „eine dumpfe Anklage dessen, was als Verstoß gegen das Projekt einer Gesellschaft gleicher Wertschätzung empfunden [...] wird".[21]

Dieser Aufschrei muss natürlich gehört werden. Und gerade die Frage, wie viele Menschen sich in der freiheitlich-demokratischen Grundordnung zuhause und gut aufgehoben fühlen, ist der entscheidende Gradmesser für eben diese Gesellschaftsform. Sie definiert sich gerade über die Teilhabe der in ihr lebenden Menschen, über die Möglichkeit freier Entfaltung und den immer neu ausgehandelten, einigermaßen fairen Ausgleich von Interessen. Wenn ein Drittel der Bevölkerung zum Ausdruck bringt, dass es sich in dieser Gesellschaftsform nicht mehr wiederfindet, stellt sich sehr grundsätzlich die Frage, ob sie die integrative Kraft noch hat, über die sie sich wesentlich definiert.

Aber das ist auch wiederum nur die halbe Wahrheit. Es kann nicht bloß darum gehen, den Aufschrei, den das Erstarken des Populismus darstellt, zu hören. Es kann nicht nur darum gehen, für welche Sorgen, Ängste und Befindlichkeiten der Staat beziehungsweise die Politik Verständnis aufzubringen und Lösungen zu präsentieren hat. Das wäre der immer gleiche *halbierte* Diskurs. Man kann das Problem Populismus nicht bloß von ‚oben' her denken, von Politik, Staat und Gesellschaft her, und wie sie die ‚Repräsentationslücke' zu schließen gedenken, die sich offensichtlich aufgetan hat. Dabei handelt es sich nur um die eine Seite der Medaille. Die andere Seite ist das *Selbstverständnis* der Menschen: Ihr Anspruch auf Selbstbestimmung und Eigenverantwortung; ihr Anspruch, freie und mündige Akteure ihrer selbst zu sein. Gleichwohl ist dieser Anspruch ja keinesfalls voraussetzungslos. Und die Frage nach der Befähigung zur Mündigkeit darf in diesem Zusammenhang nicht ausgespart werden. Genauso hart, wie man mit den Agitatoren ins Gericht geht, sollte man mit den Agitierten ins Gericht gehen. Die integrative Kraft der liberalen Demokratie neu zu denken und auf die Bedürfnisse ihrer Bevölkerung neu auszurichten, ist eine der zentralen Aufgaben unserer Zeit. Genauso zentral ist es jedoch, die Menschen in ihr als Handlungs- und Entscheidungsträger ernstzunehmen und mitzudenken.

Zur Wahrheit gehört eben auch, dass es schockierend ist, wie viele Menschen für populistischen Unfug anfällig sind. Es wird immer jene Individuen geben, die aus einer Mischung aus ideologischer Verblendung, persönlichem Machtstreben, Eitelkeit und Skrupellosigkeit dazu bereit sind, Populismus in seinen abgründigsten Formen als Machttechnik zu betreiben. Aber es kann nicht stark genug betont werden, dass es die Bevölkerung ist, die dieses Verhalten goutiert. Es liegt vor allen Dingen an den Wählern, an den ‚ganz normalen Menschen', am ‚einfachen Volk', dass sich das populistische Verständnis von Politik immer mehr durchzusetzen scheint. Es ist schockierend einfach: Wenn es keinen

Beifall finden würde, würde niemand zum Mittel des Populismus greifen. Dann wäre er ein Nischenprodukt. Die Nachfrage regelt auch hier das Angebot. Natürlich liegt es in der Verantwortung der Politik, eine geeignete Antwort auf den Populismus zu formulieren. Aber es liegt genauso in der Verantwortung der Bevölkerung, dass Politik anders funktionieren sollte, als der Ungeist des Populismus ihr diktiert. Es liegt am Souverän – das ist jede und jeder von uns –, selbst mitzugestalten, wie wir gesellschaftlich miteinander umgehen. Und gerade im Osten der Republik müsste es noch viele geben, die ein gesteigertes Bewusstsein von der eigenen Verantwortung sowie der eigenen Gestaltungs*macht* haben. Das hatten sie schon einmal. – Und haben eine Diktatur gestürzt.

Überwindung der Freund/Feind-Logik

Dass der Populismus auch seine Gegner aktiviert und gegen sich mobilisiert, ist grundsätzlich positiv. Doch dieses Sammlungsgeschehen läuft Gefahr, der gleichen toxischen Freund/Feind-Logik zu folgen wie der Populismus selbst. Es droht, der Formierung sich gegenüberstehender Lager Vorschub zu leisten und die Gesellschaft nur weiter zu polarisieren. Das ist besser, als wenn es nur das populistische Lager gäbe, das widerstandslos der Gesellschaft seine krude Ideologie aufprägen kann. Trotzdem spielt man zu einem gewissen Grad den Populisten in die Hände. Man verstärkt das zersetzende Prinzip, mit dem sie gezielt und systematisch die Fundamente der demokratischen, solidarischen, zivilgesellschaftlichen Gesellschaftsform unterminieren. Man bewirkt im Zweifel, dass sich die Fronten nur noch mehr verhärten, dass sich die Konflikte zunehmend radikalisieren und sich die Lager immer unversöhnlicher gegenüberstehen. Genau das ist die Strategie der Populisten und die innere Logik des Populismus.

Man kann daher bei der Formierung des Widerstands keinesfalls stehen bleiben. Den Populismus als Machttechnik entkräftet man erst, wenn man die Logik des Antagonismus entkräftet. Der Spuk des populistischen Ungeistes wird erst dann gebannt sein, wenn die Freund/Feind-Logik und die von ihr ausgehenden gesellschaftlichen Dynamiken durchbrochen werden. *Widerstand* muss daher immer mit *Versöhnlichkeit* zusammengedacht werden. Die kompromisslose Auseinandersetzung mit den Agitatoren muss mit der ausgestreckten Hand gegenüber den Agitierten zusammengedacht werden – auch wenn das manchmal extrem schwerfällt. Und auch wenn die Populisten und ihre Anhänger das längst nicht so sehen und einen selbst längst nicht so behandeln. Man braucht sich von ihnen ja nicht die Maßstäbe vorgeben lassen. Man sollte selbst Maßstäbe setzen.

Und dazu muss man nicht einmal ein besonders guter Mensch sein. Man kann da ganz und gar eigennützig sein! Auch das ist schockierend einfach: Man kann die schwierigen Fragen unserer Zeit nur gemeinsam mit den Vielen beantworten. Man kann die gesellschaftlichen Herausforderungen unserer Zeit nur bewältigen, indem man eine kritische Masse der Menschen hinter den eigenen Lösungen versammelt. Im Moment geht die Welt tatsächlich nicht an mangelnder Erkenntnis oder Unvermögen zugrunde, sondern an ganz banalem Trotz. An einer Trotzreaktion, die man hätte einkalkulieren können, die man hätte vermeiden können. Wir brauchen einander – ob man das nun gut findet oder nicht.

Die Freund/Feind-Logik ist das Herzstück des Populismus. Er kann das gesellschaftliche Miteinander nicht anders als in dieser so kruden Logik denken und gestalten: Wir gegen Die, das Eigene gegen das Fremde, Gut gegen Böse. Will man den Populismus überwinden, muss man das Freund/Feind-Schema überwinden! Es reicht nicht aus, einfach nur dagegen zu sein. Es reicht nicht aus, wiederum die Populisten und ihre Anhänger als Feinde zu identifizieren und seinerseits auszugrenzen. Es ist ein bisschen wie mit der dunklen Seite der Macht. Man muss die Psychologie der menschlichen Abgründe überwinden: die Logik des Hasses, der Verachtung, der Häme, des Verletzenwollens, des Erniedrigenwollens, des Rechthabenwollens. Populismus ist gerade deswegen auch so erfolgreich, weil er so virtuos die menschlichen, allzumenschlichen Abgründe für sich zu instrumentalisieren versteht. All diese Impulse, die wirklich jede und jeder von uns kennt, die wir nur allzu gut verstehen und mit denen wir alle von Zeit zu Zeit ringen.

Und genau deswegen ist Populismus auch so verächtlich. Er ist kein Korrektiv für unsere niederen Instinkte und dunklen Triebe, sondern ein Katalysator. Er ist kein Gegengift gegen unsere abgründigsten Impulse, sondern ein Verstärker. Er ist nicht nobel, nicht idealistisch – er zielt auf das Schlechte in uns und bringt das Schlechte in uns zum Vorschein. So pathetisch es klingen mag, aber der Kampf gegen den Populismus ist eben doch auch ein Stück weit der Kampf um das Gute im Menschen.

Und dabei verbietet sich jede Naivität. Es ist sehr offensichtlich, wie die Welt verfasst ist. Der Freund/Feind-Gegensatz ist mächtig. Er durchzieht die Menschheitsgeschichte wie ein breiter, tiefroter Strom.

Aber es wäre umgekehrt naiv zu glauben, dass er der einzig mögliche Modus zwischenmenschlichen Miteinanders ist. Oder der mächtigste. Man *kann* sich gegen das antagonistische Prinzip des Populismus entscheiden – und für ein inklusives, solidarisches, agonistisch grundiertes Miteinander. Man kann sich gegen das Sich-gehen-Lassen und rauschhafte Sich-Hineinsteigern in die eigenen emotionalen Abgründe entscheiden – und für eine selbstreflektierte Haltung unseren allzumenschlichen Schwächen gegenüber. Man kann sich gegen die pawlowschen Reiz-Reaktions-Muster der populistischen Erregungslogik entscheiden – und für einen selbstbewussten und selbstbestimmten Umgang mit Informationen, Meinungen und Medieninhalten. Man kann sich gegen die kruden Vereinfachungen der Populisten entscheiden – und für eine kritische, differenzierte Urteilsbildung. Man kann sich gegen das populistische Prinzip der Bequemlichkeit entscheiden – und für ein idealistisches, wenn es die Zeiten erfordern. Man kann sich gegen die Dekadenz der neurechten Populisten entscheiden, die ihr Heil kontrafaktisch in einer Vergangenheit suchen, in der angeblich alles besser war. – Man kann sich stattdessen dafür entscheiden, an einer konstruktiven und proaktiven Lösung der multiplen und durchaus fundamentalen Krisen unserer Zeit zu arbeiten.

Angesichts des Aufstiegs der Populisten in Deutschland und der Welt kann man mutlos werden und sich machtlos fühlen. Aber das ist wieder nur die halbe

Wahrheit. Die zweite Hälfte ist die: sich selbst angesichts des eigenen Ohnmachtsgefühls als *Agens* begreifen lernen. Das meint: Man kann angesichts der eigenen Machtlosigkeit resignieren und sich ihr fügen. Oder man kann sich von ihr so herausgefordert fühlen, so bedroht und bedrängt, dass man durch sie Energien aufbringt und Aktivitäten entfaltet, Handlungsoptionen ersinnt und Lösungsmöglichkeiten umsetzt, zu denen man ohne die Machtlosigkeit gar nicht erst in der Lage gewesen wäre. Das klingt paradox – doch auch Machtlosigkeit kann der Gärstoff sein, der uns dazu zwingt und dazu befähigt, über uns hinauszuwachsen. Gerade wenn sie existenziell zu werden droht. Oder um es mit Hölderlin zu sagen: „wo die Gefahr ist, wächst das Rettende auch". *Das* ist Selbstermächtigung.

Es liegt an uns, an jeder und jedem von uns, zu entscheiden, ob wir in einer vom Ungeist des Populismus geprägten Gesellschaft leben möchten – oder nicht.

Anmerkungen

1 Ich habe im Anschluss an Rainer Olschanski das psychologische Phänomen Ressentiment als Machttechnik – die von populistischen Akteuren zur Erringung politischer Macht instrumentalisiert wird – interpretiert. Mittlerweile gravitiere ich allerdings dazu, den Populismus in all seinen hier darzustellenden Facetten selbst als Machttechnik zu deuten. Dabei lehne ich mich punktuell an Aspekte an, die ich bereits in einer Studie über das Phänomen Ressentiment ausgearbeitet habe. Vgl. Robert Müller, *Ressentiment. Wiege des Populismus*, Dresden 2019, bes. S. 63–81.

2 Reinhard Olschanski, *Ressentiment. Über die Vergiftung des europäischen Geistes*, Paderborn 2015, S. 21.

3 Carolin Emcke, *Gegen den Hass*, Frankfurt a.M. [3]2016, S. 16.

4 Christian Koecke, *Zeit des Ressentiments, Zeit der Erlösung. Nietzsches Typologie temporaler Interpretation und ihre Aufhebung in der Zeit*, Berlin/New York 1994 (Monographien und Texte zur Nietzsche-Forschung, Band 29), S. 173.

5 Pierre Rosanvallon, *Das Jahrhundert des Populismus. Geschichte, Theorie, Kritik*, Hamburg 2020, S. 68f.

6 https://www.theguardian.com/world/2018/sep/06/donald-trump-inauguration-crowd-size-photos-edited. Letzter Zugriff: 05.06.2024.

7 Vgl. Hannah Arendt, „Wahrheit und Politik", in: dies., *Zwischen Vergangenheit und Zukunft. Übungen im politischen Denken I*, hg. v. Ursula Ludz, München [3]2015, S. 327–370.

8 Myriam Revault d'Allonnes, *Brüchige Wahrheit. Zur Auflösung von Gewissheiten in demokratischen Gesellschaften*, Hamburg 2019, S. 14f.

9 So etwa das AfD-Bundesvorstandsmitglied Harald Weyel, versehentlich auf einer Podiumsdiskussion mitgeschnitten: https://www.sueddeutsche.de/politik/afd-energiekrise-weyel-1.5652966. Letzter Zugriff: 05.06. 2024; Götz Kubitschek, einer der Strategen der Neuen Rechten, schreibt in seiner taktischen Handreichung hingegen ganz offen: „Wünschen wir uns die Krise! Sie bedrängt, sie bedroht unser krankes Vaterland zwar, aber gerade dies weckt vielleicht seinen Mut, ins Unvorhersehbare abzuspringen und das zu wagen, was den Namen ‚Politik' verdiente". Götz Kubitschek, *Provokation*, Schnellroda 2007, S. 12f.

10 https://www.spiegel.de/politik/deutschland/afd-beatrix-von-storch-nimmt-aeusserung-ueber-schuesse-auf-fluechtlinge-zu-rueck-a-1076757.html. Letzter Zugriff: 17.06.2024.

11 https://www.spiegel.de/politik/deutschland/cdu-jens-spahn-will-irregulaere-migration-auch-mit-physischer-gewalt-aufhalten-a-3801ec29-9821-4dc7-bbc5-9b4462442e52. Letzter Zugriff: 17.06.2024.

12 https://www.tagesanzeiger.ch/us-praesidentschaftswahlen-2024-donald-trumps-kampagne-ist-hochprofessionell-463661873542. Letzter Zugriff: 17.06.2024. Ein Gegenbeispiel stellt der Rassemblement National, vormals Front National, dar. Auch die Umbenennung ist Teil der umfassenden, langfristig angelegten Strategie von Marine Le Pen, ihre Partei zu entradikalisieren und den Schein von Seriosität und Bürgerlichkeit zu geben. Das ist aber nicht unbedingt ein Widerspruch. Hierbei handelt es sich um den klar erkennbaren Versuch, neues Wählerpotenzial bis tief in die gesellschaftliche Mitte hinein zu erschließen. Die richtig Radikalen sind dem RN durch diesen Strategiewechsel längst abhanden gekommen und haben beim ultrarechten Éric Zemmour und seiner Reconquête eine neue Heimat gefunden.

13 Vgl. Carl Schmitt, *Der Begriff des Politischen. Text von 1932 mit einem Vorwort und drei Corollarien,* Berlin 1963.

14 Christian Fuchs / Paul Middelhoff, *Das Netzwerk der Neuen Rechten. Wer sie lenkt, wer sie finanziert und wie sie die Gesellschaft verändern,* Hamburg 2019, S. 171.

15 Volker Weiss, *Die autoritäre Revolte. Die Neue Rechte und der Untergang des Abendlandes,* Stuttgart 2017, S. 134.

16 Vgl. Fuchs/Middelhoff, *Das Netzwerk der Neuen Rechten,* a.a.O., S. 28–31.

17 Wie sich etwa in den USA – zugespitzt und nicht unmittelbar auf das deutsche Parteiensystem übertragbar – besonders gut beobachten lässt: Hier gelang es beispielsweise einer handvoll (!) radikaler Trumpisten monatelang im U.S. Repräsentantenhaus die Abstimmung über ein Hilfspaket für die Ukraine zu blockieren, dem schließlich parteiübergreifend 75 Prozent (!) der Abgeordneten zugestimmt haben.

18 Vgl. Fuchs/Middelhoff, *Das Netzwerk der Neuen Rechten,* a.a.O., S. 23f.

19 Zum Begriff der Bedeutungsschwere vgl. ROBERT MÜLLER, *Vom Verlust der Bedeutungsschwere. Eine Zeitdiagnose des Nihilismus,* Dresden 2015.

20 ROSANVALLON, *Das Jahrhundert des Populismus,* a.a.O., S. 22.

21 Ebd., S. 63.